QUESTIONS REPONSES

Karma
et
Réincarnation

PHILIPPE MORANDO

QUESTIONS REPONSES

Karma et Réincarnation

Publications Philippe MORANDO
42, rue Monge
75005 PARIS
Tél : (16/1) 45 82 88 38

Couverture : photographie de Cambazard M - L'Explorer

ISBN 2 - 908900 - 15 - 7

TABLE DES MATIERES

Première partie :
LA VRAIE NATURE DU KARMA

Deuxième partie :
DETTE KARMIQUE, PUNITION, COMPENSATION,
CHOC EN RETOUR
QU'EN EST-IL EXACTEMENT ?

Troisième partie :
NOTRE SANTE, CONSEQUENCE KARMIQUE ?

Quatrième partie :
FATALITE, HASARD OU LIBERTE ?

De l'ignorance à la connaissance

Pourquoi l'homme se trompe-t-il sur la véritable raison des phénomènes qu'il observe autour de lui ?

Il considère comme un "effet du hasard" ou comme une décision de Dieu les événements dont il n'arrive pas à expliquer la véritable cause, le véritable mécanisme. En fait le hasard et la volonté divine ont bon dos. Le manque d'évolution de l'homme, son manque de sagesse, lui font croire que seuls le hasard ou Dieu sont responsables des événements qu'il ne comprend pas. En attribuant au hasard ou à Dieu la raison des faits qui se produisent, l'homme s'empêche d'accéder à toute vérité supérieure et stoppe toute recherche de la connaissance fondamentale. D'après lui, il sait tout, n'a besoin de personne pour apprendre quoi que ce soit, il est le seul à avoir raison !

Un tel comportement, un tel aveuglement sont les conséquences de son orgueil, de sa vanité. Il s'imagine tout savoir et se prend pour Dieu en personne. Cette impression, cette illusion sur le monde sont directement liées à l'égoïsme, à l'individualisme poussé à l'extrême.

Les connaissances de la science spirituelle, comme celles de la science matérielle, sont en constante évolution. Il existe un progrès spirituel comme il existe un progrès matériel. La vérité s'affine sans cesse. Les connaissances révélées par les grands maîtres du passé évoluent pour approcher toujours un peu plus d'une vérité plus profonde. Le chemin qui mène à une plus grande lumière passe par une remise en question des vérités très répandues, même celles transmises par les sages et les penseurs les plus éminents de l'humanité. Ces progrès, ces transformations peuvent déranger un certain nombre de personnes. Pourtant, pour que l'homme atteigne un niveau de conscience supérieur et s'épanouisse dans la sagesse, il est indispensable qu'il s'éloigne à tout jamais du sectarisme, de l'immobilisme, de l'aveuglement, du fanatisme, de l'entêtement, de l'égoïsme.

Mes visions concernant le phénomène karmique et la réincarnation sont, par moments, bien différentes des conceptions généralement admises jusqu'à présent. Elles surprendront peut-être certains. Faire progresser la vérité, c'est aussi chercher à la perfectionner, à modifier si nécessaire son contenu.

Toute théorie, toute révélation n'a de bien-fondé que si elle concorde avec la réalité, si elle se vérifie dans les faits. Il est nécessaire qu'une cohérence existe au sein d'une théorie ou d'une révélation, pour que celles-ci soient valables. Toute contradiction, toute incohérence, met obligatoirement la théorie, la révélation, en question. Peu importe la grandeur, la notoriété d'une théorie ou d'une révélation, si celles-ci ne peuvent expliquer d'une manière cohérente les événements, quels qu'ils soient. Si une théorie ou une révélation ne sont pas confirmées par l'expérience, leur valeur peut être mise en doute et elles sont imparfaites. Il faut donc les affiner. Confrontée aux faits, toute théorie, toute révélation doit se vérifier.

PREMIERE PARTIE

La vraie nature du karma

La vraie nature du karma

QUESTION : "Comment peut-on définir le karma ?"

REPONSE : "Le mot "karma" est très ancien. Il a son origine dans une langue ancestrale : le sanscrit. "Karma", en sanscrit, signifie "action", dans tous les sens du terme : action humaine, matérielle, action spirituelle, action cosmique. Plus précisément, il fait référence à la croyance de la religion hindouiste d'après laquelle le destin d'un être vivant et conscient est déterminé par l'ensemble de ses actes passés. Le terme est désormais passé dans le langage moderne et largement adopté par notre culture occidentale.

Néanmoins, il a été utilisé un peu à tort et à travers depuis de nombreuses années. La notion de karma a été bien souvent très mal comprise. Or, il n'y a rien de compliqué. La loi du karma, c'est tout simplement une application de la loi de causalité à la destinée humaine.

Cette loi de causalité, les mystiques la connaissent depuis l'aube de l'humanité et les scientifiques l'ont vérifiée depuis très longtemps. Elle signifie que tout ce qui se produit sur terre et dans l'univers a toujours une cause. En effet, aucun événement, aucun fait, aucune chose, n'a lieu sans raison. Les événements sont liés entre eux par un rapport de cause à effet, de cause à conséquence. Ainsi, lorsque vous frottez une allumette, vous déclenchez une flamme. L'acte de frotter l'allumette est la cause, le déclenchement de la flamme est la conséquence. Prenez un phénomène naturel comme l'eau d'une rivière : elle coule d'amont en aval. La source (l'amont) est la cause, le passage de l'eau en aval est la conséquence.

Il est étonnant de constater que l'homme admet l'enchaînement de cause à effet pour tous les phénomènes naturels extérieurs à lui-même, alors qu'il trouve particulièrement suspecte, ou rejette carrément, l'idée que ce même mécanisme puisse agir sur lui, sur sa vie et sur son destin. Beaucoup s'étonnent de voir se réaliser implacablement les conséquences de leurs propres actes, de leurs paroles, de leurs pensées. Ils préfèrent chercher ailleurs la raison de leurs malheurs ou de leur bonheur : c'est selon eux, la "fatalité", le "destin", qui en sont responsables. Leur réussite ou leurs échecs sont donc liés à quelque chose d'incompréhensible, de mystérieux : on parle de miracle ou de mauvais sort. Pourtant, ils ont bien l'occasion à de nombreux moments de la journée, de donner leur avis sur les choses, d'accepter ou de refuser certaines propositions, de choisir de se taire ou de parler. Ils ont, à partir du moment où ils sont conscients d'exister et de penser, la possibilité de dire oui ou non devant les diverses circonstances de la vie. Grâce à cette faculté que l'on appelle le libre arbitre, l'homme peut prendre des décisions, qui, par leurs conséquences, détermineront l'orientation de sa vie."

QUESTION :"Y a-t-il une différence entre loi karmique et loi de causalité ? Si oui, laquelle ?"

REPONSE : ***"La loi karmique est l'application de la loi de causalité à la vie humaine.*** Reprenons la loi de causalité. Elle se définit ainsi : "Toute cause produit un ou des effets". Si nous considérons les expériences vécues par l'homme dans notre monde matériel, nous constaterons que ses décisions, ses actes, constituent en eux-mêmes des événements. Ceux-ci ont des conséquences bien précises qui constituent d'autres événements. Ces événements conséquences sont en rapport avec les événements causes dont ils sont issus. Les conditions exactes de l'événement cause, c'est-à-dire l'acte en lui-même - qu'il s'agisse d'un acte mental (pensée, décision, désir) ou d'un acte physique (geste, parole, action) - le moment où cet acte a été effectué, la personnalité du sujet qui agit, l'environnement social où se déroule l'acte, ont une influence sur l'événement conséquence, sur le résultat de cet acte.

Autrement dit, les événements ne se succèdent pas n'importe comment. Il y a une relation entre chaque fait, chaque circonstance.

L'homme, par son libre arbitre, fait des choix, prend des décisions, pense. Il produit ainsi constamment des causes qui entraîneront obligatoirement des conséquences à plus ou moins long terme."

QUESTION : "Vous dites que la loi karmique est la loi de causalité appliquée à la vie humaine. Cela veut-il dire que les animaux n'ont pas de karma ?"

REPONSE : "Le karma est un phénomène particulier dû au fait que l'homme possède un psychisme libre et indépendant. L'animal, lui, n'a pas de psychisme libre et indépendant. Il est totalement soumis à l'influence de ***l'âme groupe*** de son espèce. Je veux dire par là que l'animal se conforme à tous les comportements habituels de son espèce. L'animal d'une espèce ne se distingue pas particulièrement, par son comportement, d'un autre animal de son espèce.

Pour qu'il y ait karma, il faut que l'être, par son psychisme, puisse agir, si les circonstances l'exigent, d'une manière qui lui est propre, selon des lois et des motivations différentes de celles habituellement utilisées au sein de son espèce.

Le niveau de conscience de l'homme permet ce type de comportement. Certains hommes, manquant de conscience, sont en quelque sorte proches des animaux. Comme eux, ils sont avant tout soumis à la loi de causalité et aux lois cosmiques.

De même que l'homme est animé par un esprit que l'on appelle ***âme***, de même l'animal est animé par un ***esprit vital*** qui ne présente pas une individualité aussi marquée que l'âme humaine, mais qui, pourtant, joue le rôle de l'âme dans le corps animal.

Il y a bien longtemps, l'homme et l'animal disposaient des mêmes facultés d'adresse, des mêmes connaissances innées, comme le fait de savoir se défendre, de savoir construire un barrage ou un abri. A cette époque, il n'y avait aucune différenciation entre eux.

Maintenant, l'être humain est capable d'actes suprêmement intelligents mais il a besoin d'une éducation longue, durant laquelle il s'avère maladroit et incapable comparativement à l'animal qui, lui, sait instinctivement manger, se défendre, se déplacer où il faut...

Une grande partie des forces que l'animal utilise pour agir directement sur l'environnement, l'homme l'utilise pour perfectionner son cerveau et d'autres organes intérieurs. Cette transformation, due à l'action de notre âme, nous a permis d'être de plus en plus indépendants vis-à-vis de notre corps physique.

Nous avons en commun avec les animaux un corps astral. ***Le corps astral a la faculté de sentir les influences extérieures et de ressentir l'état intérieur.*** De ce fait, le corps astral nous donne la faculté d'éprouver la douleur. L'homme, comme l'animal, peut souffrir. Ce fait s'explique par l'action du corps

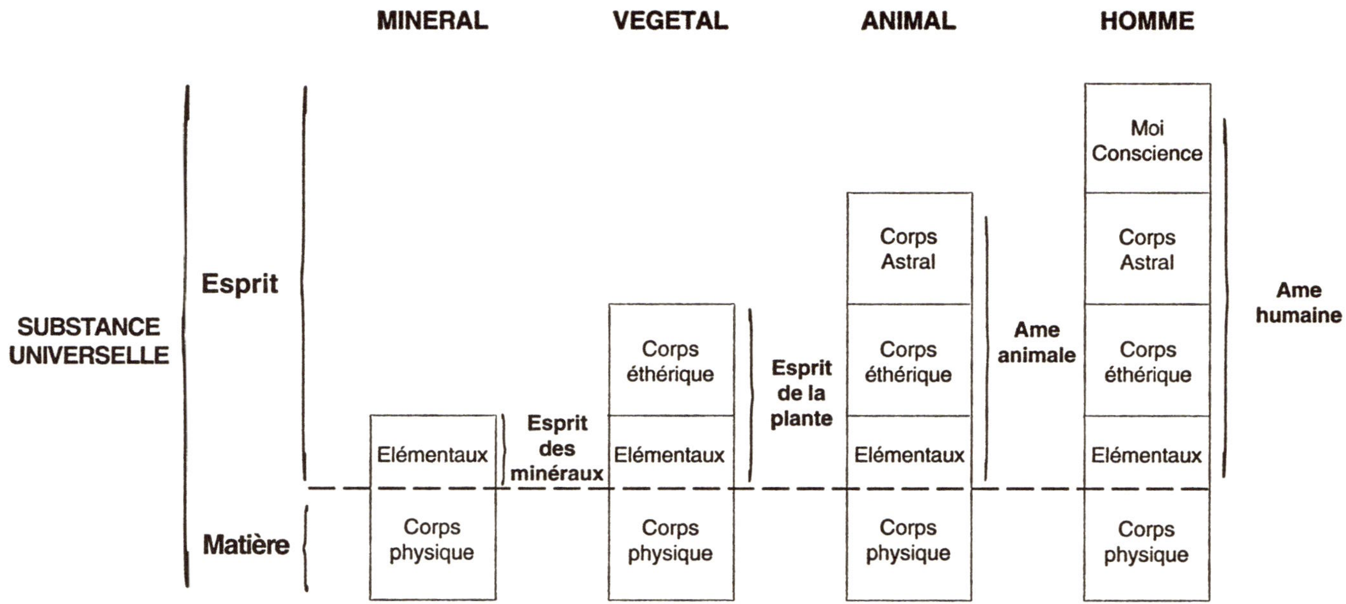
MINERAL
VEGETAL
ANIMAL
HOMME
SUBSTANCE UNIVERSELLE
Esprit
Matière
Elémentaux
Corps physique
Esprit des minéraux
Corps éthérique
Elémentaux
Corps physique
Esprit de la plante
Corps Astral
Corps éthérique
Elémentaux
Corps physique
Ame animale
Moi Conscience
Corps Astral
Corps éthérique
Elémentaux
Corps physique
Ame humaine

SCHEMA N°1

astral dans le corps physique.

Cependant seul l'homme, grâce à son individualité, grâce à son moi, grâce à la faculté qu'il a de pouvoir séparer son âme de son corps -partiellement au cours de la vie terrestre et totalement au moment de la mort- peut dominer sa douleur et la faire disparaître. L'esprit de l'homme est constitué du moi, du corps astral et du corps éthérique. L'homme a appris à se détacher de son corps physique. Il a appris, au cours de l'évolution, à s'individualiser. C'est pourquoi l'être humain est capable de se réincarner, ce que ne peut accomplir l'animal et encore moins la plante.

Le simple fait que l'âme humaine conserve son individualité après la mort et continue son développement et son perfectionnement d'une manière autonome, quel que soit le corps physique, détermine une application très spéciale de la loi de causalité.

La loi karmique, en effet, tient compte dans les relations de cause à effet, non pas simplement du corps physique mais surtout de l'âme de l'homme. L'âme de l'animal, nous l'avons vu, n'est pas nettement individualisée. Elle est presque complètement dépendante de l'âme groupe de l'espèce animale et elle se trouve, de ce fait, en cohérence totale avec cette âme groupe (l'animal est toujours en accord constant avec les règles, la "morale" ou plutôt la loi de son groupe : il ne cherche pas des règles de vie, il se soumet implacablement aux lois de son groupe). L'homme, par contre, grâce au libre arbitre conféré par son individualité, a le choix. Il peut s'opposer aux croyances, à la morale de son groupe. Cet état de choses entraîne des conséquences vastes et complexes sur le plan karmique.

Nous avons bien compris que le karma faisait intervenir l'âme de l'homme et son pouvoir de libre arbitre. Il s'ensuit que la loi karmique prend en considération non seulement les conditions apparentes, visibles, conscientes, de l'événement cause - par exemple, un homme en insulte un autre, une personne échoue à un examen, reçoit un cadeau..., ces faits sont matériels - mais aussi et surtout les conditions cachées, invisibles, inconscientes, de l'événement cause- par exemple, un homme éprouve du ressentiment vis-à-vis de quelqu'un, subit un traumatisme dû à une peur ancienne ou inconsciente, ressent un sentiment de bien-être envers quelqu'un ou devant quelque chose, a un état d'esprit particulier vis-à-vis de l'entourage ou de lui-même, se met en condition de voyance...

En outre, l'homme étant lié par son inconscient à un

groupe d'âmes, la loi karmique est généralement une combinaison d'influences entre le karma individuel de l'être humain, le karma collectif de son peuple et celui de l'humanité."

QUESTION : "La notion de karma est-elle rattachée obligatoirement aux vies antérieures, à la réincarnation ?"

REPONSE : "Habituellement, dans les propos de tous les spécialistes en la matière, la notion de karma est liée avant tout à l'idée de réincarnation.

Selon moi, le phénomène karmique, le karma, se manifeste déjà et avant tout au cours d'une même existence. Il est tout simplement, comme je viens de le souligner, la manifestation de la loi de causalité appliquée à la vie humaine.

Pour l'homme, bien entendu, l'enchaînement cause-conséquence peut paraître surprenant, si l'on s'en tient aux seuls faits physiques matériels. La raison en est que les conséquences peuvent avoir pour causes des faits psychiques non visibles et même des faits spirituels non conscients, donc difficilement repérables a priori par un observateur utilisant ses cinq sens matériels."

QUESTION :"On peut concevoir que l'état psychique influence le comportement et les événements au sein d'une même vie, mais comment un psychisme peut-il avoir des effets sur une vie future ?"

REPONSE : "Ce fait s'explique par la constitution même de la substance universelle. L'univers est fait d'une seule et même substance dont l'esprit est la forme primaire, la forme fondamentale, la forme originelle. Le monde matériel, lui, n'est que la manifestation de l'esprit. On appelle parfois le monde matériel monde "phénoménal" pour signifier qu'il s'agit effectivement du monde des "phénomènes", c'est-à-dire des choses manifestées, des choses qui apparaissent à nos sens.

Tout vibre dans l'univers. Rien n'est au repos. La matière nous semble au repos mais ce n'est qu'une apparence. La substance universelle vibre et elle prend différentes formes selon les fréquences vibratoires auxquelles elle vibre. Selon son mode vibratoire, elle se manifeste sous forme d'esprit, d'âme, d'énergie ou de matière.

Les fréquences vibratoires les plus élevées correspondent à l'esprit pur, à "Dieu", à la Source Première, au Créateur. Les fréquences vibratoires les plus basses correspondent à l'énergie, à la matière. Les fréquences de la matière sont si basses qu'on ne les distingue pas à première vue. Pourtant, depuis la plus petite parcelle de matière (électron, proton) jusqu'aux planètes, jusqu'aux galaxies, en passant par les molécules, tout vibre.

La pensée elle-même est une manifestation de l'esprit. La pensée, notre mental, sont faits eux aussi de vibrations. Chaque homme est constitué d'un corps physique, fait de matière, et d'un corps spirituel, appelé aussi âme. Cette âme est la partie non matérielle de l'être humain.

Elle se décompose en trois parties :

- *Le corps-esprit* ou ***l'esprit pur,*** correspondant au moi et à la volonté du sujet ;

- *Le corps astral,* corps intermédiaire, qui permet à l'esprit de pouvoir agir dans la matière ;

- ***Le corps éthérique*** ou ***l'aura.*** Ce corps éthérique, proche de la matière, a été détecté et photographié par les époux soviétiques Semyon et Valentina Kirlian en 1939. Il s'agit de "l'effet Kirlian" très connu en parapsychologie.

L'aura est la partie la plus perceptible du corps spirituel. Invisible pour la plupart des hommes, elle peut être perçue par certains médiums. La puissance radiante de l'aura, son volume, son éclat, dépendent de l'intensité de la pensée et des sentiments qui s'y rattachent. De forme ovoïde, l'aura a un pôle positif situé au sommet de la tête et un pôle négatif, situé aux pieds. Un courant vital circule entre les deux pôles et constitue un élément capital pour le bien-être du corps physique.

De par sa nature diffuse et radiante, l'aura est en contact permanent avec les autres auras et le monde invisible. Les auras vibratoirement voisines, parce qu'issues d'états de pensée semblables, entreront facilement en résonance, d'où un phénomène d'amplification de l'ensemble des auras du groupe. On comprend l'importance de faire partie d'un groupe de personnes dont les auras sont animées de vibrations positives du fait de pensées harmonieuses et généreuses d'amour et de paix. On comprend également que la présence d'êtres négatifs puisse à ce point entraîner l'entourage vers le pessimisme, l'angoisse et le découragement. Il est donc capital d'émettre le plus possible des pensées d'amour et de paix même - et surtout - envers ses ennemis, ceci afin de combattre par des vibrations positives leur mauvaise influence.

Les vibrations de l'âme se manifestent et se détectent sur le plan matériel par ce que l'on appelle des états psychiques. A un certain état mental ou psychique correspond un état vibratoire de l'âme bien précis. L'âme, par ses états vibratoires, par ses états psychiques, agit sur le corps physique. A un état de l'âme donné, donc à un état psychique donné, correspondent un comportement déterminé et des états particuliers du corps physique (états de santé entre autres).

L'âme, en elle-même, a la faculté de se détacher du corps physique. Elle peut se détacher partiellement du corps physique dans la vie terrestre, notamment au cours du sommeil, et elle se sépare totalement du corps matériel à la mort. Le corps physique disparaissant, l'âme subsiste, car elle est constituée des vibrations fondamentales, des vibrations les plus élevées. Elle est l'origine. L'âme a la faculté de se déplacer, d'influencer les corps matériels. Au moment de la naissance - ou même avant la naissance - elle s'introduit dans le corps du nouvel être.

La loi de causalité s'applique aussi bien à la matière qu'à l'esprit. A un certain état vibratoire de l'âme correspond un état de pensée bien précis et un état astral bien déterminé. Or rien ne peut se manifester dans le plan matériel qui ne se soit déjà manifesté dans le ***plan astral*** (substance fluidique, vibratoire, subtile, non visible, de même nature que l'esprit et liée à tout corps matériel).

Tout ***événement matériel cause*** est suivi habituellement d'un ***événement matériel conséquence.*** De même, *tout événement astral cause* (état vibratoire de la pensée) est suivi d'un *évenement astral conséquence.* Etant donné que le plan matériel et le plan astral sont en interdépendance, tout événement astral cause est non seulement suivi d'un événement astral conséquence, mais aussi d'un événement matériel conséquence *(voir le schéma page 33).*

A tout moment, l'esprit de l'être humain, en relation d'interdépendance avec le corps physique et avec l'environnement astral, produit des modifications de l'astral, et ces modifications auront bien souvent leur accomplissement dans le plan matériel beaucoup plus tard. Le laps de temps qui s'écoule avant la réalisation peut, en effet, être très long : il peut dépasser la durée d'une vie humaine.

Prenons par exemple le cas d'une personne qui craint de tomber malade *(événement astral cause)*. Cet état d'esprit peut avoir des répercussions, des conséquences sur le plan matériel, en particulier sur sa santé. Ces états de pensée vont en effet créer des ***formes astrales conséquences.*** Une forme astrale est une substance fluidique, astrale, émise par un corps matériel, quel qu'il soit. Il existe donc des formes astrales liées à chaque astre du système solaire, à tout corps dans l'univers, y compris l'être humain.

L'homme émet des formes astrales bien déterminées, à la suite de chacun de ses actes, de chacune de ses pensées, de chacune de ses paroles. Certaines de ces formes astrales conséquences vont se matérialiser par des faits immédiats et certaines autres formes astrales conséquences pourront très bien attendre quelque temps avant de se concrétiser dans le domaine matériel."

Plan Astral Invisible

EVENEMENT ASTRAL CAUSE

L'âme pense : état mental correspondant à une forme astrale bien précise. Cette forme astrale est en interaction avec d'autres formes astrales mais elle ne rencontre aucune opposition, les autres formes astrales étant en accord avec elle. La matérialisation immédiate est possible
Exemple : pensées négatives, dépression, angoisse - ou bien pensées positives, pensées de confiance, d'optimisme.

→ Matérialisation

EVENEMENT ASTRAL CONSEQUENCE

La forme astrale, conséquence de la pensée produite par l'âme , est en interaction avec des formes astrales contraires, émises par l'inconscient du sujet lui-même, par d'autres âmes ou par d'autres substances universelles (courants astraux).
Elle est bloquée tant qu'elle rencontre des formes astrales contraires, puis elle peut se matérialiser dès qu'elle est suffisamment puissante pour le faire.

→ Matérialisation

Plan physique visible

EVENEMENT MATERIEL CONSEQUENCE DE L'EVENEMENT ASTRAL CAUSE ET POINT DE DEPART, CAUSE D'EVENEMENTS MATERIELS FUTURS

L'homme agit dans la matière par des gestes, des paroles, des actes. Il agit sur lui-même et sur son environnement extérieur.Il modifie la structure de son corps : santé ou maladie (événements quasi immédiats).
Exemple : étourdissements, perte de connaissance, ulcère d'estomac, crise cardiaque, crise de nerfs, crise de foie, événements négatifs, échecs professionnels, rupture d'amitiés, etc. - ou bien santé, dynamisme, bonne digestion, bien-être, pas de souffrance, événements heureux, succès aux examens, rencontre d'êtres favorisant la réussite.

→

EVEMEMENT MATERIEL CONSEQUENCE DE L'EVENEMENT MATERIEL CAUSE

Une succession de conséquences sur le plan matériel fait suite à l'action matérielle de l'homme.
Exemple : accident de la route dû à la perte de connaissance. Répercussion encore plus importante sur son propre corps, mais aussi sur le corps d'autres êtres humains.

EVENEMENT MATERIEL CONSEQUENCE DE L'EVENEMENT ASTRAL CONSEQUENCE

Conséquence matérielle des formes astrales conséquences. Evénements négatifs ou positifs retardés, décalés dans le temps par rapport à l'événement astral cause.

SCHEMA N° 2

QUESTION :"Pourquoi les formes astrales ne produisent-elles pas toujours immédiatement des effets, des manifestations, dans le plan matériel ?"

REPONSE :"La pensée est la manifestation psychique de l'état vibratoire de l'esprit. A chaque pensée correspond donc une forme astrale bien déterminée. *Cette forme astrale va être soumise à des interactions avec d'autres formes astrales provenant d'une part de l'inconscient du sujet lui-même et d'autre part de son environnement, et même du reste de l'univers.*

Un ensemble de réactions va se former entre les diverses formes astrales en présence, et cet ensemble de réactions et de conditions aboutira à la création d'une autre forme astrale conséquence. Cette nouvelle forme astrale conséquence, si elle est propice à la réalisation de la pensée du sujet, va se matérialiser dans la réalité : dans notre exemple, la personne va tomber malade. En effet, la puissance des formes astrales venant de l'inconscient du sujet (de ses convictions profondes) et de l'entourage (craintes identiques à celles du sujet) va renforcer la forme astrale première et ne s'opposera pas à sa réalisation.

Si au contraire les formes astrales de l'inconscient du sujet et de ses proches sont plutôt positives et confiantes dans sa santé, alors notre sujet ne tombera pas malade. Ces formes astrales opposées vont freiner la réalisation : la forme astrale de crainte de notre sujet, même si elle n'est pas détruite, va être annihilée momentanément dans sa manifestation. Le sujet ne tombera pas malade, du moins à l'époque considérée. La forme astrale de crainte émise par le sujet va néanmoins subsister dans l'astral.

Quelques heures, quelques jours, quelques années plus tard, si le sujet continue à émettre trop de pensées de crainte sur sa santé et si d'autres formes astrales extérieures viennent renforcer cette forme astrale négative, alors la forme astrale de notre sujet, qui était restée dans l'astral sans pouvoir se manifester, va se matérialiser *(voir le schéma page 33)*.

C'est pourquoi une pensée négative entretenue trop souvent finira par renforcer les formes astrales conséquences à un point tel que ces formes astrales se matérialiseront, et nous assisterons à un événement matériel conséquence de ces formes astrales. L'homme est bien surpris, car il attribue l'origine de ses problèmes à des causes visibles immédiates. L'homme, très souvent, a la vue courte !

Toute forme astrale émise par l'être humain vise à la manifestation. Toute forme astrale correspond normalement à un état physique, matériel. S'il n'y a pas manifestation, c'est que, malgré l'émission de cette forme astrale, quelque chose est là qui empêche et qui contrecarre. Cette influence contraire fait barrage momentanément mais pas éternellement. Si notre sujet continue à alimenter, par des pensées de crainte renouvelées, la forme astrale antérieure, il va la renforcer. Le rapport de force sera tel qu'un début de matérialisation va se faire jour à un moment donné. La personne verra sa santé se détériorer.

Les formes astrales demeurent. Tout ce qui est créé sur le plan mental, psychique, existe jusqu'à la fin des temps. Toutes ces formes astrales subsistent et forment ce qu'on appelle ***l'akasha,*** en d'autres termes la mémoire de l'univers. Celle-ci contient tout le réel, ce qui a été vécu, ressenti, pensé, et qui s'est matérialisé, et tout le mental, tout le ressenti, qui ne s'est pas réalisé. Tout cela est enregistré et emmagasiné dans ce plan astral. C'est la mémoire akashique.

La forme astrale n'est jamais détruite mais l'âme, elle, a la faculté de l'alimenter ou de l'affaiblir. Plus l'âme émet des formes astrales contraires à celles créées antérieurement, moins l'événement matériel a de chances de se produire. Il faut comprendre qu'il s'agit, en permanence, d'une lutte entre les diverses forces en présence. Plus on émettra des formes astrales positives et harmonieuses, moins les formes disharmonieuses se manifesteront. Ce mécanisme est purement un rapport de force.

L'âme de l'homme, même libérée de son corps physique à la mort, sera toujours liée aux formes astrales créées antérieurement (pensées, actes de l'homme au cours de sa vie terrestre). Ces formes astrales pourront influencer l'âme de telle manière que son état vibratoire précis la déterminera à s'incarner dans un corps physique bien particulier.

Une âme, par exemple, qui aura lutté avec courage et sagesse contre la maladie produira des formes astrales qui lui feront choisir, comme support matériel dans sa prochaine vie terrestre, un corps physique harmonieux. Cette âme se réincarnera dans ***un corps vital*** et résistant. Par contre, celle qui s'abandonnera au découragement, au laisser-aller, produira des formes astrales qui l'entraîneront vers encore plus de chaos physique lors de sa prochaine incarnation. Cette âme, par les souffrances plus importantes qu'elle subira, finira par réagir et engendrera ainsi une incarnation suivante bien meilleure.

Bien entendu, les conséquences des états vibratoires d'une âme ont aussi une répercussion immédiate sur l'aspect physique du corps et sur la santé.

> Les conséquences sont donc soit immédiates, soit à moyen ou long terme, le long terme dépassant la durée d'une vie humaine.

La notion de karma se situe sur une durée bien supérieure à celle d'une vie, puisque la causalité est liée non pas au pur et simple corps matériel, mais à l'esprit, au corps spirituel. ***Ce corps spirituel,*** lui, dure, existe à travers le temps, demeure en permanence présent. Il se modifie, il se transforme, et le corps physique n'est que momentanément un véhicule pour ce corps spirituel. En fait, lorsqu'on parle de karma, c'est surtout du karma de l'esprit qu'il s'agit.

L'évolution de notre âme, en fonction des obstacles qu'elle a surmontés à des époques antérieures, a abouti, à notre naissance, à des conséquences matérielles et astrales particulières. Ces conséquences matérielles sont : notre corps, toutes les conditions physiques, génétiques, sociales, qui ont présidé à notre naissance. Les conséquences astrales dont il s'agit sont : les influences planétaires, les formes astrales liées à l'âme et produites au cours des incarnations précédentes.

Les conséquences matérielles et astrales de l'évolution de notre âme constituent notre karma.

QUESTION : "Vous parlez d'influences planétaires. Peut-on voir quel est notre karma à partir de l'astrologie ?"

REPONSE : "La carte de notre ciel de naissance, c'est-à-dire la position des astres à la naissance, caractérise en partie notre karma. On peut considérer qu'il y a réincarnation dans certains types d'êtres humains, dans certains corps, à certaines dates, car il y a, en effet, des rythmes, des cycles.

Par conséquent, à partir du moment où nous avons vécu d'une certaine manière, avec certains rythmes, certains types de vibrations, fatalement l'incarnation ne peut se faire que selon certains auspices vibratoires, certaines influences vibratoires sur le plan céleste. Car nous sommes en *interdépendance* avec les astres, mais nous ne les subissons pas complètement. Je veux dire que nous sommes influencés certes, mais nous émettons nous-mêmes, nous sommes nous-mêmes générateurs d'influences. Et cela beaucoup de personnes l'oublient : elles ont tendance à faire du fatalisme. Sous prétexte que les astres exercent une action sur nous et que ces personnes n'ont pas assez de maîtrise d'elles-mêmes, qu'elles refusent de s'élever spirituellement, elles considèrent qu'il n'y a qu'à subir et c'est là le danger.

Les influences diverses des planètes et des formes astrales sont autant d'obstacles à franchir ou de passages facilitant la traversée de notre vie. L'être humain disposant d'un libre arbitre peut, par son âme, par son esprit, surmonter ces obstacles, vaincre ces difficultés qui se dressent sur son chemin."

QUESTION : "Peut-on, en utilisant certains procédés, connaître de manière sûre nos vies antérieures ?"

REPONSE : "On peut effectivement, à l'aide de certaines techniques, obtenir des informations sur les vies antérieures d'un individu.

Un médium par exemple est capable de *lire le passé* d'un objet. Il prend l'objet, le touche et se met en état de réceptivité pour savoir quel est le passé de cet objet. Dès cet instant, il voit que l'objet a enregistré un certain nombre de vibrations, a vécu des circonstances particulières dans son environnement proche. Le médium peut ainsi arriver à savoir quels sont les êtres qui ont touché l'objet, les événements qui se sont produits, en quelque sorte les moments forts de la vie de cet objet.

On peut, d'une manière similaire, revenir dans le passé d'un individu. Les états vibratoires de notre âme sont capables de *percevoir les états vibratoires d'autres âmes*. Cependant lorsqu'un retour sur le passé d'un individu est pratiqué - en termes techniques cela s'appelle une régression - on ne perçoit pas systématiquement et uniquement sa vie au cours d'incarnations précédentes : on peut également percevoir des circonstances, des choses, des connaissances, qui ne le concernent pas personnellement. Je veux dire que l'âme considérée peut avoir accumulé des connaissances vécues mais qui ne sont pas d'elle, qui viennent d'autres âmes.

Le processus est comparable à l'acquisition de connaissances par l'intermédiaire des livres. Ces livres que nous lisons et qui nous transmettent un savoir ont été écrits par d'autres êtres. Et nous puisons dedans, nous accédons à une connaissance qui a été conçue par d'autres. Nous prenons cette connaissance et nous la faisons nôtre. Quelqu'un qui apprend par coeur beaucoup de choses peut très bien vivre, ressentir et intégrer totalement ce savoir, comme s'il faisait réellement partie de lui-même. De même, un génie, à la limite, pourrait très bien être un médium, un être qui, par un état très spécial de médiumnité, serait capable de percevoir des connaissances qui ont été vécues par d'autres êtres dans le passé. Tout le savoir dont il fait preuve, il l'aurait capté intuitivement chez d'autres êtres.

Ainsi, lorsque, par une régression, nous remontons dans notre passé, nous ne rencontrons pas obligatoirement nos propres incarnations passées, notre vécu personnel d'il y a plusieurs siècles. Nous pouvons rencontrer la vie antérieure d'une personne qui est plus ou moins en interférence avec nous. Ce phénomène peut se produire couramment : il y a souvent, au cours de la régression, interférence entre les vies de plusieurs êtres, il y a déviation par rapport à nos propres vies."

QUESTION : "A propos de l'interférence entre plusieurs âmes, est-ce que le phénomène de "possession", comme on l'appelait autrefois, existe vraiment ? Un autre esprit peut-il s'emparer du corps et de l'âme d'un être vivant ?"

REPONSE : "Un être humain, doté d'une âme qui lui est propre, peut très bien être perturbé par une autre âme qui l'influence à distance ou qui cherche à s'introduire dans son corps. Regardons comment les choses se déroulent dans la vie : il y a déjà une lutte, les âmes se combattent les unes les autres. L'amour est présent certes mais la compétition, le combat l'est tout autant. Ne considérons pas d'ailleurs ces compétitions comme nuisibles. Quand une âme s'introduit dans un corps déjà animé par une autre âme, elle n'a pas forcément pour but de chasser l'âme en place, elle peut tout simplement vouloir cohabiter avec elle."

QUESTION : "Ce serait en somme une aventure d'amour !"

REPONSE : "Cela est tout à fait possible. Cette

"aventure" est malgré tout perturbatrice pour l'autonomie de l'individu mais elle est réalisable.

La deuxième possibilité est la suivante : l'âme cherche à s'introduire dans un corps déjà habité par une autre âme parce que ce corps l'intéresse. Il y a une compétition entre les deux âmes pour le même corps."

QUESTION : "Si je puis traduire en langage imagé, cela serait :"Ote-toi de là que je m'y mette !"

REPONSE : "Absolument ! Et l'âme qui l'emportera sera certainement celle qui aura le plus d'affinités avec le corps, enjeu du combat. Des mécanismes sont là pour faire triompher une des deux âmes. La cohabitation est tout de même un phénomène anormal, assez rare, mais il peut se produire."

QUESTION : "Quand il a lieu, ce phénomène de possession survient-il à la naissance ou au cours de la vie terrestre ?"

REPONSE : "Il peut se produire à tout moment et il provoque des troubles. En général il survient parce que l'âme qui anime le corps ne remplit pas sa fonction correctement. Si vraiment l'âme aimait son corps, si elle se sentait bien incarnée, elle ne permettrait pas à une autre âme de venir s'incarner dans son corps."

QUESTION : "Ce sont donc des cas où l'âme n'est pas bien rattachée au corps ?"

REPONSE : "Il est vrai que le phénomène de possession se rencontre davantage chez les femmes, où le lien entre l'âme et le corps est plus souple que chez l'homme. Mais ce facteur n'est pas suffisant, sinon toutes les femmes seraient sujettes à ce genre de manifestation.

L'âme est plus fortement, plus directement, plus rigidement liée au corps de l'homme qu'au corps de la femme. ***La corde d'argent,*** qui est le lien vibratoire entre l'âme et le corps matériel, est rigide, courte et dure chez l'homme. Par contre, elle est souple et flexible chez la femme. Il s'ensuit que l'âme de l'homme est accrochée très solidement au corps physique. Elle y est rivée, inscrustée. Chez la femme, l'âme est accrochée d'une manière plus souple, elle oscille un peu autour du corps physique. Tout en étant rattachée au corps, elle a la faculté de s'en détacher partiellement. Elle est capable de dédoublement plus facilement.

Il résulte de cet état de fait que la femme est plus sensible, plus réceptive, que l'homme. Elle est en mesure de recevoir les influences extérieures plus facilement que l'homme puisque, chez celui-ci, l'âme occupant pour ainsi dire complètement le corps matériel monopolise totalement, par ses vibrations, la conscience du corps physique. Chez la femme, par contre, l'âme est un peu en retrait du corps, laissant la possibilité aux influences extérieures de s'y introduire.

Le corps physique de l'être humain, et en particulier celui de la femme, est capable de recevoir des informations vibratoires. De par sa plus grande réceptivité vibratoire, la femme est plus apte que l'homme à manifester le phénomène de voyance. Mais cette sensibilité donne à la femme une propension à être influencée par l'extérieur, au point qu'elle n'est pas toujours maîtresse d'elle-même. Les influences extérieures peuvent être enrichissantes comme elles peuvent être nocives, provoquant des dérèglements de comportement.

Autant cette capacité réceptive propre à l'âme féminine peut être appréciable, positive et utile, en développant l'intuition et les *facultés extra-sensorielles*, autant elle peut se retourner contre l'être en lui causant d'énormes préjudices. Les influences perturbatrices peuvent être particulièrement puissantes et aller jusqu'aux phénomènes de possession."

QUESTION : "A votre avis pourquoi ne se souvient-on pas de nos vies antérieures ?"

REPONSE : "Ce problème est effectivement troublant. Nous pouvons faire plusieurs hypothèses à partir de ce que nous expérimentons déjà dans notre vie présente. Nous avons, en général, tendance à enfouir dans notre subconscient nos traumatismes, nos expériences malheureuses ou douloureuses. La mémoire consciente s'efforce de ne pas retenir les choses pénibles que nous avons vécues, afin de préserver notre équilibre et nous permettre de continuer notre route. Si nous devions garder présents à l'esprit tous nos échecs, toutes nos souffrances, il est certain que nous ne pourrions plus avancer. ***Ce mécanisme de sauvegarde*** est donc très compréhensible. Nous pouvons supposer que l'âme a le même réflexe pour ce qui est des expériences malheureuses que nous avons faites dans nos vies antérieures. Néanmoins, tout notre vécu, y compris ce que nous nous efforçons d'oublier consciemment, reste inscrit dans les couches profondes de notre psychisme, dans notre mémoire inconsciente.

Qu'en est-il des bons souvenirs ? Pourquoi ne nous rappelons-nous pas les expériences positives de nos incarnations passées ? Peut-être ces souvenirs nous sont-ils cachés parce que la mort, qui achève toute vie, est un traumatisme, quelque chose que nous supportons mal, quelque chose que notre conscience accepte mal.

Il est évident également que nous ne pouvons pas nous souvenir consciemment de toutes nos pensées, de tous nos faits et gestes, car notre mémoire serait littéralement surchargée. Comme un ordinateur, notre mémoire consciente a une capacité limitée.

Examinons une fois encore le fonctionnement de notre psychisme dans la vie courante. Vous souvenez-vous de ce que vous avez fait le 10 février 1971 à 15 H ? La plupart des personnes à qui vous poserez cette question vous répondront qu'elles n'en ont aucune idée.

Vous souvenez-vous de vos premières années, de l'époque par exemple où vous avez appris à marcher? Qu'avez-vous ressenti ? Etait-ce difficile ? Combien avez-vous fait de tentatives avant de réussir ? Vous êtes dans l'incapacité de répondre à toutes ces questions, n'est-ce pas ? Et pourtant, vous avez bel et bien appris à marcher, sinon vous n'auriez pu vous développer et devenir adulte. Autrement dit, la trace de cet acte, avec tous ses détails, est présente dans votre esprit inconscient. Il ne vous reste que le mécanisme, que le réflexe, que l'automatisme. Mais cette trace qui subsiste est essentielle : elle vous permet aujourd'hui encore de savoir marcher, elle a permis aussi tous les stades intermédiaires de votre évolution, depuis votre enfance jusqu'à votre état d'adulte.

Nous pouvons en déduire que le mécanisme est similaire en ce qui concerne nos vies successives. Nous conservons dans notre mémoire inconsciente la trace de tout notre vécu à travers nos incarnations passées. Cette trace, bien qu'inconsciente, est réelle et c'est pourquoi nous attirons dans notre vie présente, certains événements, certains êtres plutôt que d'autres, c'est pourquoi nous orientons notre vie dans telle direction et non telle autre.

Le mécanisme du souvenir peut également être

diminué,voire empêché, en fonction de nos croyances. En Inde, au Tibet et dans un certain nombre de peuplades primitives, le souvenir des vies antérieures est actif. Les yogis, les lamas tibétains en font un exercice courant et normal.Ainsi, l'ancêtre d'une tribu prévoit sa réincarnation au sein même de son peuple. Et l'enfant dans lequel revit l'ancêtre se rappelle spontanément les épisodes de la vie de cet ancêtre."

DEUXIEME PARTIE

Dette karmique, punition, compensation, choc en retour

Qu'en est-il exactement ?

Dette karmique, punition, compensation, choc en retour

Qu'en est-il exactement ?

QUESTION :"Il existe une idée assez répandue concernant le karma, selon laquelle les malheurs de notre vie actuelle, comme la maladie, la souffrance, la pauvreté et les limitations de toute nature, sont une sorte de châtiment, de "rétribution", de juste retour des choses, pour le mal que nous aurions commis dans des incarnations passées. Voyez-vous dans un karma négatif la manifestation d'une punition qui serait infligée par les puissances cosmiques ?"

REPONSE : "La philosophie d'un grand nombre de gens croyant au karma consiste en effet à penser que, pour que l'âme évolue, il faut qu'elle expie, qu'elle paie quelque part. Ce sont là des conceptions très anciennes de la justice, que l'on retrouve d'ailleurs dans la mentalité de beaucoup de personnes. Elles sont à rapprocher de l'antique loi du talion : "oeil pour oeil", "dent pour dent", qui prescrivait de rendre le mal pour le mal. Telle personne a tué, il faut la tuer. Quelqu'un a commis un méfait sur terre, que fait la justice, que disent les gens ? "Cette personne a fait souffrir d'autres êtres pendant des jours, des années : on doit non seulement l'enfermer, mais lui faire vivre exactement ce qu'elle a fait subir aux autres !"

Cette manière de procéder pour apprendre la morale et la faire appliquer est une caricature des lois cosmiques. Rendre le mal pour le mal stoppe momentanément la progression du mal mais provoque des ressentiments, des haines, qui finissent par engendrer des problèmes bien plus graves.

Les lois cosmiques ne punissent pas, mais elles nous causent des préjudices si nous ne les respectons pas, si nous agissons d'une manière excessive. L'une des conséquences des lois cosmiques est la loi de la jungle, la loi du plus fort. Les animaux sont avant tout soumis aux lois cosmiques, donc à la loi de la jungle.

- Les lois cosmiques gèrent les rapports de l'homme avec la matière et avec l'esprit.

• Les lois morales gèrent les rapports des hommes entre eux. Elles ont pour but d'optimiser l'évolution de l'homme dans le contexte des lois cosmiques. Comme nous le verrons, elles sont imparfaites mais elles cherchent à donner à l'homme un confort, un bien-être supérieur à celui des autres espèces.

Il arrive que l'être humain agisse en dehors des lois morales mais, magré tout, en accord avec les lois cosmiques. L'homme préhistorique, par exemple, tuait des animaux et d'autres hommes pour survivre. Pour subsister sur terre, la force physique était effectivement une donnée primordiale, surtout à cette époque où la morale était à un stade très primitif.

L'homme est sous l'influence des *lois cosmiques* : de par ces lois cosmiques, il est obligé de respirer s'il veut continuer à vivre, de manger s'il veut maintenir son corps en vie et avoir suffisamment de force pour agir. Sous l'action de ces mêmes lois, son corps est soumis à la pesanteur, comme tout corps existant sur terre. L'homme est également sous l'influence des *lois morales* qui lui prescrivent des lignes de conduite : par exemple il doit sacrifier un enfant pour son dieu, s'il désire pouvoir vivre en paix ; il ne doit pas voler ; il doit obéir aveuglément aux commandements divins ; il ne doit pas divorcer ; la femme ne doit pas interrompre sa grossesse, etc.

Quand nous subissons l'oppression de certains êtres ou que nous sommes victimes d'un vol, d'une agression physique, d'une malversation, nous aimerions que les auteurs de ces méfaits paient pour le mal qu'il nous ont infligé. Cela satisfait nos instincts de vengeance. On aimerait que ceux qui vivent mieux que nous paient, car nous en sommes jaloux. Beaucoup d'hommes ont la malheureuse tendance de vouloir faire partager aux autres leurs souffrances. Savoir que les autres vont payer les réconforte. Croire en un ***karma-punition*** nous rassure mais nous culpabilise aussi, car nous sommes loin d'être parfaits nous-mêmes.

Si l'on veut vraiment éduquer la personne qui a commis quelque méfait, il faudrait faire en sorte que cette personne puisse avoir l'expérience de l'amour, l'expérience de belles choses. En attendant, bien sûr, il faut lui opposer une force pour l'empêcher de nuire. Eduquer le malfaiteur devrait consister à exiger de lui qu'il répare d'une manière ou d'une autre le préjudice commis. Cette notion de réparation du mal est fondamentale si l'on souhaite une évolution harmonieuse de l'humanité. C'est pourquoi il ne sert à rien de rendre le mal par le mal et d'en venir à tuer la personne.

Si le karma consistait en une juste compensation des comportements nuisibles de l'homme, s'il y avait réaction divine, intervention intelligente, directe et immédiate, des plus hautes instances de l'univers, chaque âme progresserait très rapidement et très efficacement. La qualité même de l'éducation donnée à l'homme par les divers effets karmiques de ses actions lui permettrait d'évoluer de manière importante. D'autre part, si Dieu intervenait réellement, le fait d'agir en contradiction avec les lois divines serait très rapidement suivi du choc en retour, ceci au cours d'une seule et même vie terrestre. Quand les parents désapprouvent la conduite de leur enfant, ils ne réagissent pas un ou deux mois après. La réaction est quasi immédiate à partir du moment où rien n'empêche cette réaction de se produire.

Lorsqu'on voit certains êtres particulièrement nuisibles perpétrer leurs crimes et diriger en même temps l'humanité ou une partie de l'humanité, quand on les voit contrôler tous les rouages du pouvoir, et cela parfois jusqu'à la fin de leur vie sans qu'ils soient arrêtés dans leurs forfaits, on peut se poser des questions quant à la véritable intervention de Dieu sur terre, quant à *l'intelligence de l'éducation karmique*. Nous

nous rendons bien compte alors que la justice divine n'intervient pas, du moins pas comme nous le souhaiterions.

En fait, les choses ne se déroulent pas ainsi. Même les lois cosmiques ne sont pas contraires à la destruction des corps physiques. Chez les animaux, le fait de s'entredévorer et se combattre est à la base même de la nature. Une des lois de la nature, en effet, est la loi de la jungle, la loi du plus fort. Les lois cosmiques de la nature ne sont pas en désaccord avec la lutte entre les espèces pour la vie et, par conséquent, avec le fait de tuer. Ce sont les êtres humains qui, au cours de leur évolution, ont introduit certaines conceptions dites morales dans le but d'améliorer le système et d'apporter plus de bien-être à l'espèce humaine.

Si Dieu veut éduquer les âmes, comment peut-il admettre d'attendre des dizaines d'années, voire des siècles, pour rectifier le comportement nuisible d'un être humain ou même d'un animal, alors qu'il agit bien souvent de manière particulièrement négative vis-à-vis des victimes ? Le mouton est toujours mangé par le loup, les hommes faibles sont toujours détruits par les forts !

Il y a même une disproportion énorme entre la

gravité des nuisances perpétrées par certains et les conséquences qui en résultent pour eux : 15 ou 20 ans de prospérité et de réussite soutiendront une catégorie d'êtres particulièrement destructeurs et nuisibles, alors qu'un véritable cataclysme s'abattra sur celui qui aura cherché à agir sans détruire autour de lui.

On s'aperçoit donc qu'indépendamment des progrès de la morale et de l'évolution du comportement humain, les lois karmiques qui régissent la vie sont soumises, même chez l'homme, à la loi de la jungle, à la loi du plus fort."

QUESTION : "Les lois cosmiques, dites-moi, ne sont pas tendres : elles laissent libre cours à la loi de la jungle, qui est encore plus cruelle que la plupart des morales existantes conçues par l'homme !"

REPONSE : "Les lois cosmiques ne se placent pas du point de vue du mal ou du bien. Elles ne contiennent aucune considération morale. Elles sont là pour gérer les échanges de matière et d'esprit d'une certaine manière. Telle est en quelque sorte la règle du jeu. Mais la règle du jeu ne précise pas si l'homme doit tuer ou ne pas tuer.

Les lois cosmiques et les lois de la vie sont telles que la vie et la mort sont des choses tout à fait normales. La lutte pour la vie passe aussi par la destruction de la vie. Le phénomène de la sélection naturelle découle des lois cosmiques, des lois de la vie. La sélection naturelle a permis aux espèces animales de se développer. Elle a donné à l'homme les moyens d'évoluer et de dominer les autres espèces.

Cette sélection naturelle, cette lutte pour trouver la meilleure solution face aux événements extérieurs, est tout à fait conforme à la conservation de la vie. Chaque espèce vivante, y compris l'homme, ne peut subsister qu'en cherchant en permanence à améliorer ses capacités à survivre et ce combat pour la vie passe par une sélection naturelle faite de luttes, de conflits. Ce qui a changé au cours de l'évolution, c'est la manière dont cette lutte se manifeste dans le domaine matériel. La façon dont la vie sélectionne et recherche son maintien évolue.

L'homme se bat non seulement pour sa survie mais aussi pour son bien-être. Pour ce faire, il a développé à la fois ses capacités physiques et ses aptitudes mentales, ses aptitudes intellectuelles. Mais il s'agit toujours d'une lutte. Pour assurer son évolution et son développement au plan de la vie matérielle, l'homme s'est efforcé de rechercher des solutions de plus en plus efficaces.

Dans le passé, la sélection était basée avant tout sur la force physique : le plus fort, le plus solide, le plus vigoureux, l'emportait sur les autres. Cette primauté de la force permettait à l'espèce d'avoir une suprématie physique sur les autres espèces. Elle servait surtout à maintenir la vigueur et la santé au sein même de l'espèce.

Pour l'homme cependant, qui cherchait à exercer sa domination sur les espèces animales, l'emploi de la seule force physique s'est vite révélé insuffisant. L'être humain a donc développé une faculté autre que la force physique : l'intelligence. Cette faculté lui a permis de compenser son infériorité physique. Ainsi, par la force des choses, la sélection s'est faite à partir de l'intelligence que l'homme pouvait avoir pour résoudre les problèmes de la vie quotidienne. Au fur et à mesure, l'intelligence, la "débrouillardise", ont donné à certains la possibilité d'accéder au pouvoir et de dominer les autres. Les progrès matériels, les inventions, les avancées de la science, ont été rendus possibles grâce au développement de l'intelligence humaine.

L'homme, ayant réussi à établir sa suprématie sur les espèces animales, cherche depuis quelques centaines d'années à acquérir une qualité de vie. Il cherche à s'assurer un bien-être, un confort tant matériel que spirituel. L'homme est l'un des bras de Dieu. Il a donc une grande responsabilité quant à l'évolution de la vie et de la conscience.

Toutes les grandes philosophies, toutes les grandes religions ont été un moyen d'orienter la sélection et de trouver des solutions adaptées à ce besoin de bien-être. Mais cette recherche du bien-être a posé des problèmes à l'intérieur de l'espèce humaine, entre peuples, entre groupes sociaux, entre individus, parfois même au sein d'une famille. Des conflits d'intérêts ont surgi, créant des difficultés.

Les morales sont en quelque sorte une recherche commune de règles, d'accords entre les hommes, pour leur permettre de profiter plus agréablement de la vie. Ces lois morales qui s'inspirent de l'expérience, et donc aussi des lois cosmiques, sont bien sûr imparfaites. La morale se cherche."

QUESTION : "Quels sont les rapports d'influence entre les lois cosmiques et les lois morales, et quelle action ces deux sortes de lois ont-elles sur le mécanisme du karma ?"

REPONSE : "Pour bien comprendre le mécanisme karmique, il est important, en effet, de parler des lois cosmiques et des lois morales, et du rapport qu'elles entretiennent mutuellement. Nous avons abordé le sujet tout à l'heure, nous allons à présent développer certains points.

- L'homme cherche à comprendre, à connaître les lois cosmiques afin de mieux gérer sa vie et d'obtenir le bien-être et des satisfactions.

- L'homme atteint un certain niveau de connaissance des lois du monde et de la vie, aussi bien dans le domaine matériel que spirituel.

- Mais ce niveau de connaissance est imparfait. L'égoïsme et l'orgueil de l'homme, sa tendance à l'excès, l'aveuglent et le persuadent qu'il a tout compris, qu'il sait tout, qu'il n'a rien de plus à apprendre et que sa vision du monde et de ses lois est exacte.

- L'homme, avec ses connaissances partielles et erronées des lois cosmiques, établit des lois morales auxquelles il croit, car il est sûr que ces lois morales sont l'application et le reflet parfait des lois cosmiques.

- Ces lois morales sont un mélange de vérités en accord avec les lois cosmiques, et d'erreurs ou de mensonges en accord avec l'égoïsme et l'orgueil de l'homme.

- Elles peuvent être de nature religieuse, philosophique, idéologique, matérialiste ou spiritualiste.

- Les lois morales sont des adaptations imparfaites des lois cosmiques à la vie de l'homme et à sa vie en groupe, en société.

- Elles sont variables en fonction du groupe et de l'époque.

- Elles évoluent, elles changent, mais les hommes qui les appliquent sont persuadés que seule leur morale est vraie, exacte, authentique.

L'homme cherche avant tout son bien-être matériel et spirituel. Malheureusement, il le cherche encore bien mal à cause de son manque de conscience. Il se lance, par besoin de sécurité, trop hâtivement dans des croyances morales entâchées d'égoïsme et d'orgueil. En voulant son bien-être, il se crée, par manque de sagesse, des problèmes, des difficultés, des souffrances de toute nature.

Ces lois morales constituent la raison de vivre de chaque homme, de chaque groupe d'hommes, car l'être humain ne peut vivre sans morale, sans croyance. Il a besoin de croire en quelque chose pour survivre. Il préfère même bien souvent avoir une certitude, plutôt que de connaître la vérité. Peu lui importe de savoir si quelque chose est vrai ou faux. Pour lui, croire en quelque chose, être certain des choses qu'il croit, est bien plus important que de *connaître la vérité.* ***Croire est donc fondamental, vital, pour l'homme.*** C'est un besoin qu'il doit satisfaire avant tout. Il ne peut vivre en paix s'il ne croit en rien. C'est pourquoi, bien souvent, il préfère croire à n'importe quoi, même si cela est faux, plutôt qu'être dans le doute et l'incertitude. Les guerres, les malheurs de l'homme ont leur origine dans cette tendance humaine à se raccrocher à une croyance pour se rassurer.

L'homme a peur quand il n'a pas de croyance bien déterminée. Il peut croire en Dieu, en Satan, en un roi, en un dictateur, en un objet, en son père, en sa mère, en des principes de vie les plus divers : ainsi il se sécurise, il n'a plus peur. En croyant aux mêmes choses que d'autres êtres, l'homme se sent moins seul, il se sent solidaire de ces autres êtres et protégé par le groupe. Il a le sentiment d'être plus fort, il n'éprouve plus ou presque plus de craintes.

En croyant, l'homme répond à un besoin aussi fondamental que celui de la nourriture. Malheureusement il a tendance aux excès et il se gave de croyances comme il peut se gaver de nourriture, au point d'en tomber malade. L'homme est donc bien souvent malade de ses croyances.

Les lois morales sont des croyances dont l'homme se sert pour vivre le mieux possible dans ses relations avec les autres. De ces lois morales découlent des lois sociales (les lois de chaque pays), des coutumes, des habitudes, des conditionnements.

L'homme qui croit en certaines connaissances se sent lié à ces croyances et à ces connaissances et agit conformément à elles. Le fait d'agir en fonction de ses croyances morales s'appelle agir par devoir. Un devoir est l'obligation d'accomplir un acte déterminé selon une croyance morale.

- La loi morale fixe les limites de nos actions et nous impose certaines actions en fonction de circonstances particulières.

- Les lois cosmiques fixent aussi des limites à nos actions et nous imposent également certaines actions en fonction de circonstances particulières.

Par exemple, les lois cosmiques nous imposent de respirer régulièrement du début jusqu'à la fin de notre existence terrestre, si nous désirons conserver la vie. Elles nous imposent de manger, de boire en proportion raisonnable. Tout excès de nourriture, de boisson, tout acte inconsidéré est en désaccord avec les lois cosmiques et provoque en nous la disharmonie, la maladie et la mort physique. ***Les lois cosmiques ne punissent pas.*** Elles ne cherchent pas à nous faire du mal. ***Elles représentent les bases de notre existence.***

Si nous cherchons à vivre en dehors de ces bases ou contre ces bases, nous prenons le risque de ne plus être protégés par elles. N'oublions pas que c'est grâce aux lois cosmiques que l'homme s'est développé. Sans ces lois, il ne serait rien. Les lois cosmiques ne punissent pas, mais si nous ne nous servons plus d'elles, si nous cherchons à faire n'importe quoi, nous nous rendons vulnérables et nous pouvons disparaître du plan matériel.

Imaginez un marin qui conduit son navire. Il peut faire beaucoup en utilisant toutes les possibilités de son navire. Mais s'il sort de son navire et qu'il veuille avancer à la nage, il sera confronté à la mer déchaînée et pourra se noyer. De même, si l'homme sort de la coque protectrice des lois de l'univers, il va se trouver confronté à une sorte de chaos et s'il ne rectifie pas son comportement en revenant à ces lois, il finira par périr.

Les lois morales, par contre, imposent et punissent, car elles sont d'origine humaine et non divine, contrairement aux lois cosmiques. Ce sont les hommes qui ont établi les lois morales (lois religieuses, laïques, idéologiques, etc.). Celles-ci se veulent être les lois cosmiques appliquées à la vie de l'homme.

Les lois morales sont imparfaites et sujettes à l'erreur. Les hommes se regroupent et se protègent derrière la loi morale, mais en même temps que cette loi les préservera de certains excès, elle va les asservir en leur imposant des devoirs. Une catégorie d'hommes va utiliser les aspects imparfaits de la loi morale pour dominer et punir d'autres hommes.

Par exemple, certains hommes vont obliger les

femmes à être soumises, parce que cela les arrange et leur permet de nombreuses satisfactions matérielles.

D'autres hommes vont tuer des êtres humains parce que ces êtres ne croient pas exactement aux mêmes principes moraux qu'eux.

D'autres encore vont accepter d'être martyrisés par leur père ou leur mère parce qu'ils considèrent, selon leurs principes moraux, qu'ils doivent obéissance à leurs parents.

Il y a aussi des êtres qui exigent que d'autres êtres exécutent certains actes bien précis que l'on appelle coutumes, rituels, cérémoniaux..., actes qui sont avant tout le moyen de soumettre l'individu au groupe et tout particulièrement aux chefs, aux dirigeants, quels qu'ils soient - chefs religieux, leaders politiques, hommes disposant d'un pouvoir quelconque : pouvoir de l'argent, pouvoir idéologique, pouvoir des relations.

Les lois cosmiques n'exigent rien des hommes. Elles ne leur demandent pas d'imposer leurs règles aux autres hommes puisque tous les hommes sont déjà soumis aux lois cosmiques. L'homme est libre de ne pas appliquer les lois cosmiques. S'il ne les applique pas, il ne peut s'étonner de constater les conséquences désastreuses de leur non-application."

QUESTION : "Quelles sont les conséquences de ces rapports d'influence entre l'âme, les lois morales et les lois cosmiques par rapport au karma ? Quelqu'un qui a persécuté d'autres hommes, au cours d'une vie passée, aura-t-il un karma négatif, c'est-à-dire une vie de souffrances ?"

REPONSE : "Pour répondre à votre question, ce n'est pas le fait en soi d'avoir mal agi, d'avoir nui à quelqu'un, qui peut créer un karma négatif. La notion de bien ou de mal est quelque chose de très relatif, en fonction du lieu, du pays, de l'époque et tout particulièrement de la morale au moment considéré.

La vraie raison d'un karma négatif réside bien souvent dans le fait que l'être a transgressé des croyances éducatives, des principes moraux profondément ancrés en lui, provoquant ainsi un grave conflit intérieur, conscient ou inconscient.

Des troubles comme la cécité, l'asthme, la paralysie, affectant des personnes qui ont commis des actes particulièrement cruels ou égoïstes dans une lointaine vie antérieure, sont souvent cités comme preuve d'une punition divine.

Ces troubles se produisent réellement. Mais là encore, ce n'est pas la ***justice cosmique*** qui intervient. Ces maux sont infligés à ceux qui sont rattachés à une certaine croyance, à une religion, à une éducation morale, ou à une certaine conception des choses morales. Même si la personne n'a pas reçu d'éducation morale, son âme a été malgré tout imprégnée de conceptions morales au cours des incarnations précédentes, et ces conceptions morales ne vont pas changer du jour au lendemain au sein-même de l'âme.

Certes aujourd'hui, nous avons beaucoup de conceptions rationnelles et scientifiques mais il faut comprendre que l'âme, elle, est encore, et pendant des centaines et des centaines d'années, sous l'influence des âmes groupes avec des morales parfois très primaires.

L'âme groupe est constituée par l'ensemble de certaines âmes disposant de croyances voisines. Ces âmes sont en résonance vibratoire les unes par rapport aux autres, elles s'influencent mutuellement, exactement comme chez les espèces animales.

Tant que l'homme ne s'est pas suffisamment individualisé, il est fortement relié à son âme groupe. L'élévation de la conscience permet à l'être humain de ne plus dépendre d'une âme groupe, quelle qu'elle soit. Cette élévation de conscience lui confère une forme de liberté qui lui apporte la maîtrise de son destin, de son corps, de son environnement.

> Aussi longtemps que l'homme restera sous l'influence de son âme groupe, il en subira les effets positifs comme les effets négatifs.

Les morales des âmes groupes, nous l'avons vu, sont souvent peu évoluées. Ce sont précisément ces morales, émanant des âmes groupes, qui sanctionnent et punissent par rapport au comportement de l'individu. Mais elles ne punissent pas uniquement la cruauté, elles sanctionnent aussi la personne qui ne va pas à l'église, qui se conduit, non pas méchamment mais en désaccord avec les croyances imprimées dans l'âme. *Par conséquent, ce que beaucoup appellent la justice karmique est dû tout simplement au fait que telle personne agit en contradiction avec ses croyances profondes, parfois inconscientes, croyances liées à l'âme groupe.* ***C'est ce conflit qui rend possible le choc en***

retour et provoque la souffrance.

L'être qui agit et pense selon les croyances morales de son groupe ne risque pas ce genre de conflit. Surtout évitons d'avoir des préjugés concernant les valeurs morales. Les morales ne sont pas au-dessus de tout soupçon. La morale d'aujourd'hui, celle de notre pays, peut être en complet désaccord avec la morale de demain ou celle d'un autre pays. Dans les temps anciens, tuer un être humain pour l'offrir à Dieu en sacrifice était un acte moral. Aujourd'hui nous poussons des cris d'horreur devant cet acte que nous considérons comme barbare !

Comment se fait-il que des êtres vraiment cruels, mais qui n'ont pas de contradiction intérieure, qui ont au contraire une foi complète en ce qu'ils font, jouissent d'une bonne santé, vont jusqu'au bout de leur vie sans souffrir, sans avoir de problème ? Cela est tout à fait injuste, et pourtant c'est ainsi que les choses se passent très souvent. Et ne nous imaginons pas que le *choc en retour* se manifestera dans une vie future. A moins qu'ils ne se mettent à douter d'eux-mêmes, ils pourront continuer ainsi encore un bon bout de temps.

Ces êtres que j'appelle des "prédateurs" ne s'interrogent pas sur la valeur de leurs actes. Ils obéissent simplement à la loi de la jungle, à la loi du plus fort. Ils ressemblent, en cela, aux animaux. N'ayant pas de peurs, de croyances morales évoluées, ils accomplissent leurs forfaits sans en être gênés le moins du monde. Ils cherchent avant tout à s'imposer par la force, sans se poser de problèmes moraux. Soit ils agissent conformément à la morale de leur groupe, parce que celle-ci sert leurs intérêts de *domination*, soit ils ne tiennent pas compte du tout de la morale, lorsque celle-ci est contraire à leurs intérêts. Ils ne subissent pas de choc en retour dû au conflit avec la morale, ni dans leur incarnation actuelle, ni dans les suivantes, sauf bien sûr s'ils commencent à s'interroger sur leur comportement.

Pour qu'ils se posent des questions sur eux-mêmes, il faudra que le monde extérieur, que l'ensemble des autres âmes s'opposent à leur comportement et fassent échec de manière répétitive à leurs actes. A ce moment-là seulement, ces prédateurs pourront à juste titre réviser leurs croyances, modifier leur morale et, par conséquent, changer leur comportement.

S'ils sont l'objet d'un choc en retour, celui-ci viendra de l'extérieur : un jour ils trouveront plus fort qu'eux. Mais ces conflits qu'ils pourront rencontrer sont liés aux lois de la vie relationnelle, non aux lois de l'esprit. Un jour, en effet, parce qu'ils seront allés un peu trop loin, parce qu'ils auront trop cherché l'affrontement, ils se heurteront à d'autres êtres humains. Le processus est le même que pour l'animal. Dès lors, c'est la loi du plus fort, la loi de la jungle, qui va régler l'issue du conflit. J'appellerai ce choc en retour par rapport au monde extérieur matériel, un ***choc en retour horizontal.*** Il est régi par la loi de la jungle. Par opposition, le choc en retour dû au conflit intérieur entre l'être et son sur-moi moral, entre l'être et les croyances morales de son éducation, je l'appellerai ***choc en retour vertical.***

Si Hitler a pu être déstabilisé, ce n'est pas à cause de conflits intérieurs, de remords de conscience. Il est allé tellement loin dans le domaine matériel, avec toutes ces horreurs qu'il a commises, qu'il s'est produit, à un moment donné, une réaction matérielle provenant de la loi de la jungle, sur le plan horizontal. Les dictateurs sanguinaires de l'histoire (et de l'actualité) ont perpétré leurs crimes pendant longtemps sans que rien ne s'oppose à eux. Par contre, s'ils avaient douté d'eux-mêmes, s'ils avaient commencé à avoir quelques scrupules, bref si leurs croyances s'étaient mises à changer, ils auraient pu se culpabiliser et auraient certainement eu un choc en retour vertical.

Ils ne seraient pas restés au pouvoir. Un dictateur, à la tête d'un pays, qui en vient à douter de lui-même se rend vulnérable. Il émet, en effet, des formes astrales de culpabilisation, d'auto-destruction, qui ne font que renforcer les deux types de choc en retour : horizontal et vertical.

La morale n'a pas d'effet sur les prédateurs tant qu'ils n'ont pas eu de choc en retour horizontal qui puisse les remettre en question. Par contre la morale, par ses imperfections, peut être la cause de souffrances pour ceux qui cherchent à la transcender et à l'améliorer. Celui qui prendra conscience de l'absurdité de certains dogmes moraux ou religieux se trouvera en proie à un conflit intérieur du fait même de son opposition à cette morale. Le principe moral, par exemple : "tu dois obéir à ton père", peut provoquer de grandes perturbations chez celui qui se rend compte que son père n'est pas honorable, que ses ordres sont nuisibles et que toute obéissance dans ce cas devient une complicité.

Ce qui fait la souffrance humaine, ce qui provoque les problèmes, c'est le fait d'agir en contradiction avec ses croyances profondes. Les hommes, dans leur désir de perfectionnement, peuvent entrer en conflit avec leur morale d'origine. Ils vont au-delà de leur sur-moi, de leur morale, ils font des choses en complet désaccord avec les croyances morales dont ils dépendent encore. Cela explique très bien pourquoi les animaux, précisément, ne subissent pas de choc en retour de ce genre, car ils obéissent finalement aux croyances de leur groupe, de leur espèce. Ils se contentent uniquement de manger ce qu'il faut manger, de boire ce qu'il faut boire, de faire ce qu'il faut faire. Même si, dans leur recherche de nourriture, ils sont amenés à tuer un congénère ou un animal d'une autre espèce, ils n'auront pas de choc en retour vertical car leur ***psychisme est cohérent.*** Il n'y a pas de désaccord, pas de conflit en eux. Pour l'animal, le seul choc en retour possible vient de l'extérieur, non de l'intérieur.

S'il y a conflit intérieur, automatiquement il y a souffrance, il y a troubles, il y a maladie. Même sans parler de vies futures, déjà dans la vie actuelle nous pouvons constater ce fait à maintes reprises. Les maladies que l'on nomme maladies psychosomatiques ont leurs racines dans des conflits internes."

QUESTION : "D'après ce que vous nous montrez, de simples conflits intérieurs par rapport à nos principes moraux transmis par l'éducation peuvent produire des déséquilibres importants et, par conséquent, un karma négatif. Si nous avons des épreuves dans cette vie, nous n'aurions pas forcément commis des actes répréhensibles dans nos incarnations précédentes ?"

REPONSE : "Beaucoup s'imaginent avoir une ***dette karmique*** à payer parce qu'ils sont malheureux dans cette vie. Si vous pensez cela vous-même, il y a de très fortes chances pour que les seuls méfaits que vous ayez accomplis dans vos vies passées soient tout simplement votre manque de confiance en vous, vos conditionnements négatifs, une éducation trop rigide, imprégnée d'une morale austère, les mauvaises influences qui se sont exercées sur vous, non seulement au cours de vos vies antérieures mais aussi au cours de votre vie actuelle.

L'homme à principes, l'homme trop moral, l'homme conditionné par une éducation stricte aura tendance à produire lui-même des obstacles dans sa vie. Déchiré entre ses propres pulsions, ses propres désirs et les préceptes rigides de son éducation, cet homme est en proie à des conflits internes, donc à des chocs en retour verticaux, qui l'empêchent de vivre harmonieusement et d'agir efficacement. Même s'il n'a pas commis de réel méfait, d'acte nuisible ou dangereux, il risquera fort de se voir réincarné dans de mauvaises conditions et de subir des souffrances qui ne seront que le prolongement de ses souffrances actuelles sur le plan mental.

Vous allez me dire que cela est injuste, qu'il n'y a pas de raison pour qu'un être bon et généreux se culpabilise. Vous pensez certainement qu'un être qui n'a pas commis de méfaits mais qui s'inquiète simplement, qui craint de faire du mal du seul fait de son éducation, de sa morale extrêmement stricte, ne devrait pas subir de malheurs. Il est vrai que ce fait nous choque et heurte notre conscience morale.

Devant une même situation, l'homme civilisé va souffrir, alors que l'homme préhistorique ne souffrira pas. Nos sociétés civilisées ont tendance à produire des maladies à cause de blocages psychologiques dus à un certain type d'éducation.

Par contre l'homme qui n'a pas été conditionné de

cette façon par rapport à une éducation, par rapport à une certaine morale, n'a aucune raison de subir des conséquences karmiques sous prétexte que son acte est soi-disant immoral ou nuisible. Il n'a pas de conflit intérieur par rapport à la morale puisqu'il n'obéit pas à une quelconque morale. Le seul choc en retour possible pour lui viendra, nous l'avons vu, de l'extérieur.

Les êtres dénués de tout scrupule, de tout complexe, de toute morale, ont des vibrations mentales favorables, positives, *propices à la réalisation de leurs projets,* car ils ne sont pas soumis, par leurs croyances, aux lois morales de leur époque. Leur positivité, leur assurance, leur confiance en eux, leur permettront de concrétiser ce que l'homme bourré de complexes et de principes moraux aura du mal à accomplir. La seule limite que les hommes sans scrupules et sans morale rencontreront sera tout simplement la limite de leurs forces, comparées à celles des autres, autrement dit la limite fixée par la loi de la jungle, la loi du plus fort. Le choc en retour, pour eux, sera donc horizontal et lié aux lois cosmiques.

Les hommes ont instauré une morale dans le but de mieux organiser la vie sociale et de se protéger, en quelque sorte, des excès des impulsions animales de chacun. La morale est donc utile et profitable pour l'homme, et il n'est pas question de rejeter toute morale sous prétexte qu'elle n'est pas observée par les prédateurs ou mal appliquée par certains.

Néanmoins, il ne faut pas oublier que toute morale est imparfaite et qu'elle contient des règles qui peuvent être injustes, sectaires, excessives, brutales, cruelles. Tout en étant utile à l'homme, la morale peut donc lui nuire. Elle nuira à ceux qui la vivent aveuglément et qui ne seront pas suffisamment conscients de la relativité des valeurs morales et de leur imperfection.

Ces êtres, en effet, risquent de se mettre en travers des lois cosmiques car leur morale va les entraîner à agir de manière nuisible et à enfreindre les lois cosmiques. Ceux qui, par exemple, soutiennent aveuglément leur religion ou leur parti politique subiront des chocs en retour horizontaux dus à l'excès dogmatique de la morale de leur groupe, à l'excès de leur comportement et à l'affrontement avec les autres (loi de la jungle). La gêne et la perturbation qu'ils provoqueront autour d'eux leur attireront, en effet, des réactions d'hostilité de la part des autres.

L'évolution, la morale, l'éducation ont, pour l'être humain, un bon et un mauvais côté. La morale permet de nous élever au-dessus de l'animal, de connaître les limites de nos actes, de nous développer harmonieusement au sein d'un groupe. En revanche cette morale, par un certain nombre d'aspects, peut nous contraindre, nous limiter au point de nous détruire, de nous conditionner négativement et de provoquer une vie faite d'épreuves et de souffrances."

QUESTION : "Ne vaudrait-il pas mieux vivre sans morale, comme un animal ? Nous ne risquerions pas tous ces conflits intérieurs !"

REPONSE : "Il ne faut pas passer d'un extrême à l'autre. Vivre sans morale a un côté positif dans la mesure où l'être ne risque pas de s'autodétruire. Néanmoins la morale nous permet de vivre en société. Car il ne faut pas oublier que nous ne pouvons pas vivre seuls. Si le sujet a un comportement en complet désaccord avec l'attitude générale du groupe, s'il gêne le groupe par son manque de morale, les autres membres du groupe vont réagir et s'opposer à lui.

Les animaux eux-mêmes ont une sorte de morale.

Le mot "morale" est utilisé ici d'une manière abusive, car les animaux n'ont pas réellement de morale. Ils ont pourtant des règles de vie communautaire, mais eux s'y soumettent aveuglément, sans chercher à contester ou à changer les choses, ce qui leur évite tout conflit intérieur, toute incohérence mentale. Le seul conflit qui puisse se produire chez les animaux est un conflit de rapports de force, dû à la loi de la jungle.

Chaque homme a une certaine capacité physique, une certaine force mentale, donc un certain pouvoir de réalisation autour de lui. Mais son pouvoir d'action s'arrête là où commence celui des autres. Tout dépassement, tout empiètement sur la liberté des autres déclenchera un choc en retour ponctuel, sur le plan matériel, un choc en retour extérieur à l'être. La souffrance viendra d'une contrainte réelle du milieu extérieur et non pas d'une contrainte intérieure engendrée par la pression du subconscient, par l'éducation du sujet. Ne pas avoir de morale est dangereux dans une société civilisée. En avoir trop l'est tout autant."

QUESTION :"Que faut-il faire pour ne pas souffrir, pour ne pas être "coincé" soit par ses propres conflits intérieurs, soit par la réaction du milieu extérieur ?"

REPONSE : "Il faut pouvoir atteindre un équilibre. En appliquant les ***cinq principes*** - l'harmonie, la paix, l'amour des autres, le respect des autres, la tolérance (voir "*L'Essentiel à savoir pour vivre heureux et réussir*") - nous pouvons justement tendre vers cet équilibre entre notre monde intérieur et le monde extérieur. Le principe du respect des autres inclut le respect de soi-même. Chcrchons toujours dans nos actes à être bienveillants envers autrui, tout en nous préservant nous-mêmes.Tâchons d'augmenter notre niveau de conscience.Ainsi nous pourrons nous élever au-dessus des morales quelquefois primaires ou trop contraignantes et sources de traumatismes.

Si vous souffrez actuellement, cherchez à modifier votre état mental, car c'est grâce à lui que vous êtes ce que vous êtes et ce sera aussi grâce à lui que vous pourrez être un être nouveau, un être harmonieux, un être positif, un être rempli d'amour, de paix et d'épanouissement."

QUESTION : "Pouvez-vous nous résumer les grands principes du mécanisme karmique ?"

REPONSE : "Le mécanisme du karma fait intervenir plusieurs forces qui agissent et réagissent les unes par rapport aux autres : l'âme de l'individu, la morale du groupe dont l'âme dépend et les lois cosmiques. Le schéma numéro 3, page 87, illustre le jeu de ces différentes forces entre elles.

Comme l'âme, la morale ou plutôt les morales des groupes humains sont en perpétuel devenir, en perpétuelle transformation. La morale se cherche et en fonction des expériences, elle évolue pour être de plus en plus en accord avec les lois cosmiques. Elle correspond aux croyances du groupe dont nous sommes issus. Elle est l'application, à l'intérieur du groupe, des *lois cosmiques* à la vie des hommes.

- Une âme qui n'était pas en conflit avec la morale de son époque dans le passé, peut entrer en conflit avec la morale de l'époque actuelle, au cours de sa présente incarnation.

- De même, une âme qui était en conflit avec la morale de son époque dans le passé, peut ne plus être en conflit avec la morale de l'époque actuelle, au cours de sa présente incarnation.

En effet, si l'âme qui a agi d'une manière cruelle dans le passé, en accord avec la morale de son époque (certaines morales n'étaient pas tendres), n'a pas évolué depuis, elle va subir des chocs en retour liés aux conflits inconscients et conscients avec la morale actuelle - morale qui se trouve être différente de la loi morale du passé.

L'âme doit s'adapter et surtout transcender la morale si elle veut pouvoir éviter les chocs en retour.

Inversement, l'âme qui s'est trouvée, dans une vie antérieure, en conflit avec la morale de l'époque et qui a eu des répercussions négatives à cette période, pourra, au cours de sa nouvelle incarnation, avoir tous les avantages, les bienfaits et les soutiens de la morale actuelle (si cette morale est en accord avec l'état de l'âme au cours de son incarnation présente).

Ce sont les conflits entre nos différentes croyances intérieures - y compris nos croyances morales - ou les conflits entre nos croyances et les lois cosmiques qui

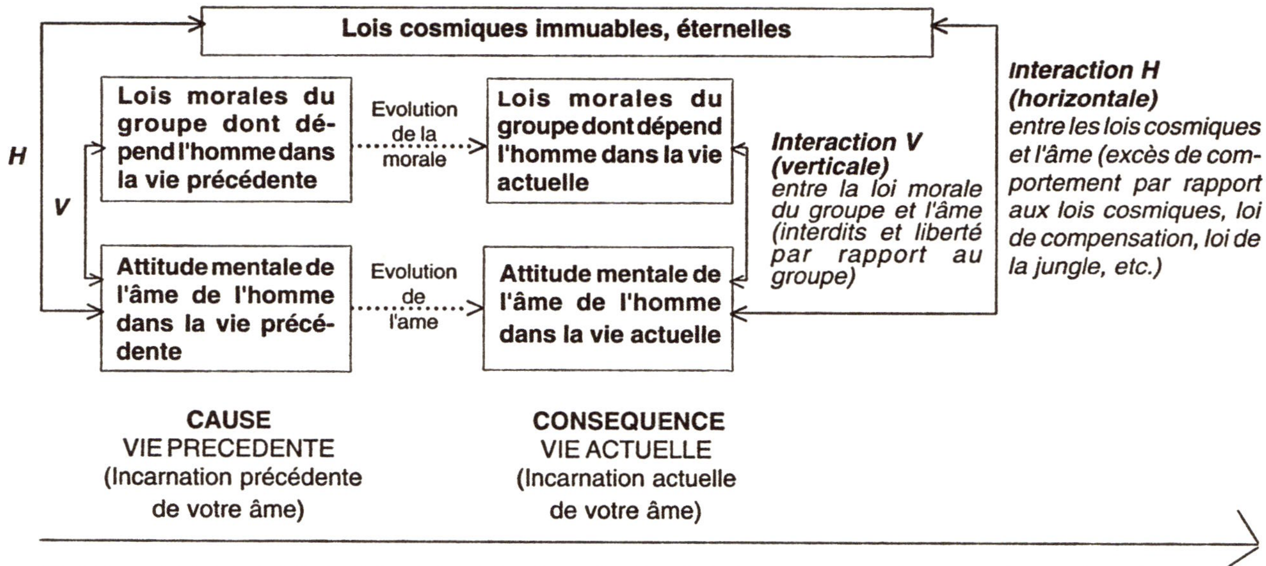

Evolution et transformation de votre âme au cours du temps, à travers les années, les siècles et les millénaires, passés et futurs.
L'attitude mentale actuelle résulte de l'accumulation de vos pensées, de vos paroles et de vos actes, dans vos vies antérieures et dans votre vie actuelle.

SCHEMA N° 3

provoquent des traumatismes, des blessures dans l'âme et des handicaps physiques. Toute incohérence, tout conflit, affaiblit l'âme et entraîne une diminution de son aptitude à agir efficacement dans la matière, dans le corps humain. Que cette incohérence, que ce conflit soit dû à notre mental, à la morale de l'époque, ou aux excès commis par rapport aux lois cosmiques, nous subirons des chocs en retour correspondants, c'est-à-dire des réactions, des compensations rectificatrices.

Les difficultés et les handicaps qu'une âme subit au cours de son incarnation présente ne sont pas obligatoirement une "punition" ou une compensation du mal qu'elle aurait fait dans une vie passée, comme l'affirment beaucoup de théories. Cette âme peut, tout simplement, avoir été déjà perturbée dans une vie antérieure sans qu'elle ait cherché à nuire aux autres. Elle peut très bien s'être porté préjudice par un désintérêt excessif pour les choses matérielles. Elle peut s'être déjà autodétruite par des pensées négatives au cours d'une vie antérieure. L'exemple cité à la page suivante est un cas de ce genre.

En élevant sa conscience, l'âme humaine se libère de tout karma : elle arrive à maîtriser son destin, sa vie et elle ne subit plus ni les lois cosmiques ni les lois morales. L'âme évoluée n'est plus le jouet des influences extérieures. Elle n'agit plus en aveugle, elle utilise les lois cosmiques en sa faveur. Elle s'en sert pour son bien-être, son épanouissement à la fois matériel et spirituel.

Venons-en maintenant à l'exemple que je vous propose d'examiner pour illustrer un des aspects du phénomène karmique. Il s'agit d'une femme dont la vie est l'histoire d'un perpétuel isolement. Après deux *mariages malheureux*, celle-ci se retrouve complètement seule, sans enfants et sans famille. De par sa profession, elle est en contact avec beaucoup de personnes, mais ce monde est superficiel et ne lui offre pas la possibilité de liens véritables. Elle éprouve un sens aigu de solitude et en souffre affreusement.

La régression sous hypnose nous révèle que, deux vies avant celle-ci, cette femme s'était suicidée. Son mari avait été exclu de la société pour quelque raison, ce qui rendait leur vie particulièrement difficile. Cédant au découragement, elle se tua juste après la naissance de son deuxième enfant, laissant ses deux enfants sans mère.

L'explication courante consiste à dire que sa vie présente, faite de solitude, est une *punition éducative,* une compensation par rapport à la nuisance qu'elle a provoquée en abandonnant son mari et ses enfants. Pour ma part je ne pense pas que le problème se pose de cette manière. Pour en arriver à se supprimer, il fallait que cette femme ait en elle une sensation profonde de faiblesse, de diminution, de négativité. Elle n'a pu trouver d'autre solution à ses problèmes que par la mort, parce qu'elle ne supportait plus sa vie depuis longtemps.

Dans cet état mental négatif, par conséquent, l'âme ne pouvait qu'être confrontée à des situations du même genre dans une incarnation future, non par punition ou par compensation, mais uniquement parce que son état étant toujours négatif, elle allait fatalement attirer des événements négatifs.

Le problème qu'elle n'avait pu surmonter dans sa vie passée (son état négatif) était toujours présent. Elle fit bien des tentatives pour se marier mais ce furent des échecs : son premier mari mourut peu après leur union, quant au second, il la rendit malheureuse. En fait nous voyons bien que la raison profonde de cet état de choses réside dans les croyances négatives de son âme sur le mariage. Lorsqu'elle s'était suicidée, elle avait quitté la vie dans des conditions de mépris pour le couple. Ne croyant pas au mariage, les essais qu'elle avait faits dans sa vie présente s'étaient révélés infructeux. Cette croyance négative était dominante, même si consciemment cette femme désirait une union heureuse. L'être a donc été attiré vibratoirement vers des situations confirmant sa croyance.

Tant qu'elle ne sera pas consciente de cette croyance négative en elle, tant qu'elle n'aura pas modifié son état mental, tant qu'elle n'aura pas transcendé les vibrations antérieures de son âme, cette femme vivra des situations de ce genre, où elle se retrouvera seule, où elle sentira que le couple est voué à l'échec et que les liens avec les autres ne valent rien.

Cette interprétation des faits me semble cohérente. Au sein même d'une vie nous pouvons apprécier la réalité de cette loi : nos croyances attirent les événements qui leur correspondent. Cette loi s'appelle ***loi d'affinité, ou loi d'attirance.*** Nous pouvons nous rendre compte qu'en fonction de nos croyances nous faisons venir des évenements négatifs ou positifs dans notre existence. Cela est vrai non seulement à l'intérieur d'une même vie mais aussi au cours des vies successives. Et à partir du moment où l'âme reste toujours avec la même croyance, elle revit des circonstances qui vont renforcer sa croyance. La seule chose que l'âme ait à comprendre est la nécessité de changer ses croyances si elle veut changer sa destinée. Elle doit avoir le courage de se transcender, de modifier et d'adapter ses croyances."

QUESTION :"La littérature ésotérique fait souvent état de personnes ayant usé, dans une vie passée, de leur force et de leur pouvoir contre les autres, jusqu'à la cruauté. Ces personnes étaient alors très sûres d'elles-mêmes et de leur bon droit, et elles accomplissaient leurs forfaits sans le moindre scrupule. Ces êtres se retrouvent dans une incarnation postérieure en état de faiblesse, diminués dans leurs aptitudes et incarnés dans un corps déficient ou handicapé.

Un cas m'avait frappé tout particulièrement. Il s'agissait d'une femme ayant participé directement avec Néron à la persécution des chrétiens. Or cette femme trouvait très amusant de voir ces mêmes chrétiens déchiquetés par les fauves dans l'arène. Elle faisait preuve évidemment d'une odieuse cruauté mentale. Dans une incarnation suivante, elle fut victime d'une paralysie des membres qui la priva totalement de l'usage de ses jambes. Beaucoup de cas de ce genre sont répertoriés où des êtres commettant des atrocités physiques sur d'autres êtres sont atteints à leur tour dans leur corps par de graves handicaps, au cours d'une vie suivante. S'il ne s'agit pas de punition, comment expliquez-vous ce fait ?"

REPONSE : "Ces exemples que vous venez d'évoquer vont nous montrer un autre aspect du mécanisme karmique à l'oeuvre.

Les êtres qui agressent, dominent par la force, violentent les autres en toute impunité, je les appelle des prédateurs. Ils sont encore au stade animal, ils n'ont pas compris qu'il existait un autre moyen, supérieur à la force brute, *pour maîtriser le cours du destin.*

Que s'est-il passé pour les cas que vous m'avez cités ? Comment des êtres si sûrs d'eux, si forts à une époque donnée, sont-ils devenus si faibles, si déficients à tous points de vue dans une incarnation suivante ?

Comme vous nous l'avez fait remarquer, ces êtres se sont conduits avec cruauté tout en étant sûrs d'eux, sûrs de leur force et de leur pouvoir. Un jour ou l'autre, pourtant, à force d'user de violence, ils se sont trouvés fatalement confrontés avec les autres dans des situations conflictuelles. A force de jouer avec le feu, ils se sont brûlés. A un moment donné, ils ont été victimes de la violence des autres, car la loi de la jungle a fini par jouer en leur défaveur. Et après plusieurs expériences négatives de cette nature, leur stabilité mentale s'est trouvée forcément ébranlée. Ces êtres jadis si forts se sont mis à douter d'eux-mêmes.

A la faveur de cette remise en question, la morale transmise par l'éducation qui était maintenue étouffée, va ressurgir. Chez certains êtres, en effet, les croyances de l'éducation ne parviennent pas à dominer les croyances de l'âme. L'âme prédatrice a ses propres tendances à la violence ; elle reçoit une éducation contraire à ses tendances, à ses croyances. Cette éducation va semer le trouble en elle mais sans plus, les croyances de l'être dans le bien-fondé de la violence étant prédominantes. L'âme, à ce moment-là, n'est pas déstabilisée.

Surviennent alors des événements défavorables où l'être essuie des échecs. Ces circonstances négatives vont réactiver et sembler confirmer les croyances venant de l'éducation. Dès lors, l'état de l'âme va commencer à manquer de cohérence. La force, le dynamisme mental, la certitude dont l'être faisait preuve vont être sérieusement entamés.

Un conflit intérieur va apparaître. En effet, d'une part l'âme a toujours ses anciennes tendances à l'agressivité, son ancienne croyance que *seule la violence peut résoudre les problèmes* et, d'autre part, une nouvelle croyance, plus expérimentale, s'installe, l'être ayant pu constater les résultats négatifs de ses anciennes croyances de domination. Cette nouvelle croyance réactive les principes moraux de l'éducation, enfouis jusqu'alors dans le psychisme de l'individu.

Le conflit qui naît de ces diverses influences affaiblit l'âme. Le processus est le même que pour un pays : lorsque des disputes, des luttes internes surgissent à l'intérieur d'un pays, ce pays devient vulnérable par rapport à l'extérieur.

Par conséquent, ces conflits à l'intérieur de l'âme vont avoir tendance à favoriser la réalisation d'événements où l'être sera confronté à ce qu'il craint, du fait même de son état mental. La personne doute d'elle-même par rapport à ses anciennes croyances d'agressivité et de domination. Elle n'est plus en position de force mentalement. Elle n'a plus de croyances suffisamment puissantes et un certain nombre de ses croyances d'origine sont remises en question. De plus son éducation revient à la surface, lui montrant que ses actes sont nuisibles.

Dès lors le choc en retour vertical va se manifester: ***l'être se met à connaître de plus en plus de revers dans la vie,*** il subit des circonstances fatales apportant souffrances et malheurs. L'âme prédatrice, aux croyances basées sur la violence et la domination, finit par succomber sous la pression de la morale due à l'éducation et sous le coup des expériences malheureuses. Le choc en retour peut d'ailleurs survenir plusieurs vies après. Il n'est pas forcément immédiat.

Cet affaiblissement, cette perturbation de l'âme aura également des répercussions sur le type de corps physique dans lequel l'être va se réincarner. Au lieu d'être dans un état constructif qui lui permettrait de choisir un corps positif, l'âme va être hésitante. Sur le plan vibratoire, elle sera un mélange de plusieurs tendances, elle ne sera pas cohérente, d'où le risque évidemment de rater l'objectif et de ne pas trouver un corps qui lui convienne.

Il peut même y avoir un petit courant culpabilisateur qui va pousser l'âme à prendre un corps qui ne lui correspond pas, car elle s'en voudra, d'une certaine façon, de prendre un corps fort qui l'inciterait à continuer avec sa violence. C'est donc l'âme elle-même qui provoque une incarnation négative. Comme elle *cherche à évoluer*, à trouver un comportement plus constructif, elle va être momentanément comme un enfant maladroit qui apprend la vie. Elle se trouve donc en difficulté.

Tant qu'il n'y a pas conscience et compréhension réelle de la chose vécue, l'incohérence règnera et augmentera le risque d'une mauvaise incarnation.

Evidemment, ce processus peut ressembler à une punition. Il n'en est rien pourtant. L'âme ayant pris conscience de certains faits, mais d'une façon partielle et encore inexacte, se trouve dans un état de déficience momentanée.

Dans ses tentatives d'amélioration, elle va avoir tendance à aller d'un extrême à l'autre. Elle va passer de la brute épaisse à la faiblesse caractérisée, suivant en quelque sorte ***un mécanisme de balancier.*** Nous pouvons observer ici l'intervention de la loi de compensation. L'âme va d'une croyance de domination bestiale à celle de la nullité, de l'imperfection, de l'incapacité.

Il y a donc momentanément ce mouvement de balancier dans le temps qui pousse l'âme à choisir une incarnation plutôt débile. Et on s'apercevra que dans l'incarnation suivante, elle aura tendance à retrouver encore la violence. Elle va faire des essais, des mouvements de va-et-vient jusqu'à l'équilibre.

Toutes les âmes font ce genre d'expériences, passant d'un mouvement de balancier à l'autre. Elles comprennent certains faits à un moment donné : quelque chose n'a pas fonctionné, elles vont donc essayer la chose contraire. La chose contraire ne réussit pas, elles vont recommencer dans l'autre sens à nouveau, de manière excessive. Ayant fait plusieurs fois l'expérience des deux choses, elles vont se dire : "*il faut que je trouve une autre solution.*" Et elles vont trouver effectivement quelque chose qui sera plus complémentaire, plus nuancé, jusqu'à ce que les mouvements de balancier soient moins amples, moins excessifs.

Cela voudra dire que la conscience de l'âme sera supérieure, qu'elle aura bien assimilé, bien digéré en quelque sorte les expériences qu'elle aura vécues. Elle sera arrivée à une maîtrise plus importante de son corps et de la vie."

QUESTION : "Je voudrais revenir sur un point que vous avez soulevé tout à l'heure. Vous nous avez fait remarquer que l'âme du prédateur, lorsqu'elle doutait d'elle-même, faisait ressurgir les préceptes moraux de son éducation et provoquait un conflit intérieur. L'éducation reflète la morale de l'époque. Or à l'époque romaine, tuer les chrétiens qui menaçaient la suprématie de Rome n'était pas considéré comme un acte immoral. Comment peut-il y avoir eu conflit avec la morale de l'éducation puisque celle-ci n'interdisait pas le massacre des chrétiens ?"

REPONSE : "Certes à l'époque où l'âme a commis ces actes cruels, elle était en accord avec la morale de la société romaine. Chez l'être persécuteur, il ne pouvait, en effet, y avoir de conflit intérieur dû à la morale. Je suis tout à fait d'accord avec vous sur ce point.

Cependant les êtres dont nous parlons ont subi leur choc en retour plusieurs vies après, à des époques postérieures à l'époque romaine. Lorsque ces êtres sont revenus sur terre dans une autre incarnation, la morale avait changé. Ce qui était considéré comme normal, moral, justifié, à une époque antérieure, est considéré maintenant comme nuisible, cruel, hautement immoral. Dès cet instant, un conflit va se dérouler entre les croyances d'origine dans le bien-fondé de l'agressivité et de la violence, et la nouvelle morale du groupe transmise par l'éducation, complètement hostile à la violence."

REPONSE : "Vous semblez dire que les conséquences de certains de nos actes peuvent être retardées dans leur manifestation et apparaître seulement plusieurs vies plus tard. Pouvez-vous nous expliquer davantage ce phénomène ?"

REPONSE : "Les conséquences de nos actes ne sont pas les mêmes en fonction des différentes époques considérées, et c'est pourquoi il y a des karmas qui sont mis en attente. J'ai fait allusion tout à l'heure à ce fait sans entrer dans le détail. Je vais donc aller un peu plus loin maintenant.

Les chocs en retour karmiques, nous l'avons vu, sont liés, bien souvent, au conflit qui peut exister entre le vécu de la personne et les principes moraux de l'âme groupe dont elle dépend. Ces principes moraux, ces lois morales évoluent dans le temps. Par conséquent, si une personne a agi conformément à la morale de son époque, elle n'aura pas de choc en retour à l'époque considérée. Mais petit à petit, cette morale va évoluer, et au bout de plusieurs siècles, elle sera changée. L'âme, elle, va se réincarner plusieurs fois. A une époque donnée, elle reviendra sur terre et se trouvera confrontée à une morale différente de celle qu'elle a connue. Si l'âme elle-même n'a pas évolué de son côté, elle sera alors en complet ***déphasage*** par rapport à ce qu'elle a vécu précédemment, par rapport à la morale qu'elle a connue. C'est à ce moment-là que le choc en retour peut se déclencher. Pour qu'il y a ait choc en retour, il faut qu'il y ait un obstacle, quelque chose en face. Si vous envoyez une balle dans l'espace et qu'il n'y a pas de mur en face, la balle ne vous reviendra pas.

Et pour bien comprendre le phénomène karmique, il faut saisir que le choc en retour dépend de la période considérée. Il peut être retardé tout simplement par rapport à l'évolution de la morale de l'époque. Des améliorations, des modifications se produisent constamment. Ce qui était considéré comme bon à un moment donné peut ne pas l'être à un autre moment et vice-versa.

Les morales des groupes humains imposent des devoirs à chaque individu. L'éducation, la manière de penser et les croyances du groupe, les vibrations des formes astrales qui sont en résonance au sein du groupe, c'est-à-dire l'atmosphère psychique et astrale du groupe, influent énormément sur le comportement de chaque homme.

Même si la morale, dans un pays donné, à une époque considérée, impose d'une manière implacable des contraintes et des devoirs à chaque individu, il n'empêche que cette morale va évoluer. L'âme, par contre, qui conservera la même morale peut se trouver, dans une incarnation future, en complète opposition et en conflit avec la nouvelle morale.

C'est pourquoi il est important pour l'âme, donc pour l'homme, d'acquérir une conscience supérieure, en dehors de toute morale. Cela lui évitera de se heurter à quelque morale que ce soit."

QUESTION : "N'est-ce pas une incitation à vivre et à penser en dehors de toute morale ?"

REPONSE : "Pas du tout, car vivre et penser en dehors de toute morale, c'est s'exposer à vivre contre le groupe. Même s'il n'y a pas de choc en retour vertical dû au conflit psychique intérieur avec une morale, il y aura choc en retour horizontal, dû au conflit avec les lois cosmiques, conflit engendré par des rapports de force entre l'individu et le groupe. Elever sa conscience c'est tenir compte des morales sans les subir."

QUESTION : "Le karma n'a-t-il pas malgré tout une valeur éducative, dans la mesure où, par les situations auxquelles il nous confronte, il nous fait prendre conscience de nos erreurs, de nos lacunes, et nous amène à développer les facultés indispensables pour y remédier ? Le karma n'a-t-il pour "mission", en quelque sorte, de chercher à nous équilibrer ?"

REPONSE : "Bien sûr, si nous ne respectons pas les lois cosmiques, nous allons en souffrir, non parce que ces lois vont nous punir, mais parce qu'elles sont la base même de notre existence. Les lois cosmiques contrôlent les excès. Si vous ne mangez pas, si vous ne dormez pas ou si au contraire vous mangez trop, vous dormez trop, fatalement vous en subirez les conséquences fâcheuses, et par instinct de conservation, vous chercherez à rétablir l'équilibre. En ce sens, on peut dire qu'il y a une éducation.

Malheureusement, l'intervention de morales souvent peu évoluées rend les choses plus compliquées et cette "éducation" ne se fait pas toujours dans le sens positif.

Les lois morales ont été établies par le groupe pour être en quelque sorte l'application des lois cosmiques, mais elles ne remplissent pas réellement leur fonction. Elles sont bien souvent imprégnées d'égoïsme et visent à satisfaire les besoins ou les intérêts de certains aux dépens des autres. Elles se révèlent alors inférieures aux lois cosmiques. Elles sont imparfaites, figées et de ce fait elles empêchent l'évolution par moments. Donc il faut comprendre que cette éducation ne s'effectue pas forcément dans le bon sens.

Des êtres lumineux comme Jésus, Galilée, Gandhi ou d'autres grands hommes, ont apporté des vérités en accord avec les lois cosmiques les plus pures. Et pourtant ils ont été détruits, parce qu'ils se sont heurtés aux lois morales obscures de leur époque. Ils ont été rejetés, incompris, tués. Cette expérience négative est comparable à une "punition". Bien sûr, on pourra toujours dire qu'elle représente un sacrifice, mais en fin de compte, punition ou sacrifice, il y a une conséquence particulièrement négative pour l'individu en cause. Celui-ci subit un préjudice dans son être et dans son existence. On constate bien, dans ce cas, que la loi karmique peut être négative quant à l'éducation.

Néanmoins comme les lois cosmiques sont toujours suprêmes, l'évolution karmique générale se fait tout de même dans le bon sens, malgré les imperfections de la loi morale. Même si, momentanément, il peut y avoir *régression* à cause de confrontations avec une morale décadente, une morale négative, il n'empêche que les êtres, par leurs diverses expériences, trouvent finalement le chemin et se rendent compte que la loi morale d'une certaine société est absurde et dangereuse.

Les échecs comme les réussites sont éducatives. L'éducation karmique est comparable à l'éducation d'un enfant. Certaines expériences, certains enseignements feront régresser l'âme, d'autres la feront progresser. De même que l'éducation d'un enfant peut aboutir à un échec, de même certaines éducations karmiques peuvent être ratées. Néanmoins, la recherche de perfectionnement de l'âme est telle que l'homme, comme l'enfant, finira par comprendre cette éducation. *Après un temps de recul,* de régression, une nouvelle avancée vers plus de connaissance et de bien-être se fera.

Malgré les mauvaises expériences, l'âme, grâce à l'accumulation de ses connaissances, découvre sa voie, approche la vérité, finit par trouver l'application des lois cosmiques dans la vie de chacun. C'est pour cela que les cinq principes cités page 84 [1] sont très importants : ils représentent un niveau de morale plus élevé que celui des différentes religions car ils sont plus en accord avec les lois cosmiques que les divers commandements des religions existantes."

QUESTION : "On parle beaucoup de punition, d'éducation, de lacunes, à propos du karma. Y a-t-il des manifestations positives du karma ?"

REPONSE : " L'âme humaine arrive dans son

[1] Ces principes ont été analysés dans mes deux ouvrages précédents : "Vos Pouvoirs secrets et la Maîtrise de votre Destin" et "L'Essentiel à savoir pour vivre heureux et réussir"

incarnation actuelle avec l'héritage qu'elle a accumulé au cours de ses vies passées, à travers ses multiples expériences. Cet héritage comporte une partie négative et une partie positive. Si dans ses bagages l'âme transporte toutes ses erreurs, toutes ses faiblesses, toutes ses lacunes, elle amène aussi avec elle, fort heureusement, toutes ses qualités, tous ses dons, tous ses acquis.

L'être humain est en constant perfectionnement. Il apprend à mieux gérer la vie, à mieux maîtriser ses capacités, à mieux agir dans la matière, au fil de ses vies successives. Tel l'enfant qui acquiert peu à peu les mécanismes de base indispensables à son développement, l'homme augmente son capital de connaissances et de compétences au fur et à mesure de ses incarnations. Bien sûr, tout dépend du désir qu'a l'être de progresser et de se développer, mais il est rare qu'il ne fasse aucune acquisition dans ce domaine au cours d'une vie.

Nos qualités, si nous les entretenons, se confirment et s'amplifient. Nos talents, si nous les cultivons, augmentent en qualité et nos performances s'accroissent. Nos dons sont révélateurs du travail que nous avons fourni jadis pour les développer. Ainsi s'explique la disparité et l'inégalité des talents. Telle personne, par exemple, se sera particulièrement intéressée à la peinture et s'y sera exercée avec enthousiasme et persévérance *pendant plusieurs vies.* Telle autre y aura juste consacré un peu de son temps et de son énergie. Pour une autre personne encore, la médecine l'aura passionnée et absorbée des vies durant. A tout moment, nous pouvons décider d'acquérir une nouvelle aptitude, d'augmenter nos talents en quantité et en qualité. Rien n'est perdu des efforts que nous avons accomplis. Notre travail n'aura jamais été vain, même s'il n'a pas porté tous ses fruits dans notre vie présente : nous en récolterons les bénéfices dans une incarnation future.

Il existe une jolie histoire qui devrait nous faire réfléchir lorsque nous cédons au découragement. Par une journée glaciale, au coeur de l'hiver, une tortue se mit en route pour quelque voyage. Le sol était encore gelé et désertique, et l'avancée lente et pénible. L'apercevant de loin, un lapin sort de son trou et lui lance : "Où vas-tu donc ainsi par ce froid glacial ?" "Je vais au champ, à quelques kilomètres d'ici", lui répond tout naturellement la tortue. "Ma pauvre amie, tu perds ton temps, l'herbe n'est pas encore sortie de terre !" lui dit le lapin, fort étonné. "Peut-être, lui réplique la tortue, mais quand j'arriverai là-bas, l'herbe aura poussé !" Et, imperturbable, elle poursuivit sa route.

Les "hobbies", les passions, les "violons d'Ingres", sont bien souvent l'indice d'activités professionnelles que nous avons menées jadis dans ces domaines. Chaque fois que nous manifestons des dispositions prononcées, des aptitudes particulièrement importantes dans une discipline quelconque, il est vraisemblable que nous avons exercé pendant plusieurs incarnations le même genre d'activité dans cette discipline."

QUESTION : "Le choix de notre profession actuelle semble donc très fortement influencé par nos professions précédentes. Avons-nous systématiquement le même genre de profession d'une vie sur l'autre ?"

REPONSE : "Tout dépend du désir de l'âme. Si elle a apprécié sa profession, si elle en a tiré des avantages, l'âme sera tout naturellement attirée par le même genre d'activité - nous constatons là la loi d'affinité à l'oeuvre. Par contre, si elle n'aimait pas son métier dans sa vie passée, il est très probable qu'elle voudra changer d'activité. Il peut donc y avoir une période de transition au cours de laquelle l'âme va tâtonner, à la recherche du secteur professionnel qui lui conviendra. Quelquefois plusieurs vies seront nécessaires pour réaliser avec succès ce passage d'une profession à une autre. La difficulté à choisir une profession peut inciter l'âme à réfléchir plus profondément sur le sens du travail et de la vie et à acquérir, de cette manière, des valeurs plus stables.

Ainsi, l'exercice d'une profession nous oblige non seulement à augmenter nos connaissances dans le domaine concerné, mais aussi à développer des qualités, des compétences, des forces, qui contribueront à la croissance de notre être.

En fonction de nos capacités acquises dans nos vies passées, en fonction de nos croyances, nous chercherons, par les lois d'affinité, de correspondance et de compensation, à vivre certaines vibrations dans notre nouvelle incarnation. Nous aurons, du fait même de nos ***aptitudes particulières,*** un certain type de réaction et de comportement face au nouvel environnement matériel (corps physique et conditions matérielles : milieu familial, professionnel, social, national, etc.).

Le style de vie que nous menons est directement lié à notre profession. Pour reprendre votre question, ce n'est pas toujours la profession proprement dite qui attire ou n'attire pas, c'est aussi la position sociale, le style de vie qui poussera l'âme à rechercher un mode de vie plutôt qu'un autre. Si l'âme a souffert ou n'est pas satisfaite de sa condition antérieure, elle fera tout pour en changer. Dès lors, la loi de compensation va intervenir."

QUESTION : "En quoi consiste cette loi de compensation ?"

REPONSE : "Cette loi est universelle et éternelle comme la loi d'affinité. Elle exprime le fait que toute action excessive produit une réaction (action en sens inverse). De même qu'un pendule, s'il oscille d'une manière trop importante dans un sens, aura tendance à osciller dans le sens contraire pour compenser le mouvement excessif qu'il aura eu dans un sens, de même la loi de compensation nous fait passer d'un extrême à l'extrême inverse."

QUESTION : "Comment cette loi de compensation agit-elle concrètement ?"

REPONSE : "Un homme qui aura vécu d'une

manière excessive dans un domaine de la vie aura tendance, lorsqu'il ne supportera plus sa condition, à ne plus être attiré par le type d'action vécue. Il ne sera donc plus sous le coup de la loi d'affinité. Il va se produire dès lors une réaction le poussant à agir et à vivre à l'opposé.

Généralement, si l'homme n'a pas pris réellement conscience de l'excès de son comportement actuel et de la relativité des choses, il se lancera instinctivement dans un style de vie opposé et tout aussi excessif. La souffrance vient justement de cet excès, de ce manque de mesure. Plus l'homme sera conscient de ses excès, moins il vivra ce mouvement de balancier et moins il souffrira.

Si l'être a vécu pauvrement, il peut, en compensation, chercher à vivre dans la richesse. Mais l'exagération et la frénésie de cette course à la richesse lui attireront des complications, et il risque de ne pas pouvoir profiter réellement et pleinement de sa richesse.

D'une manière générale, lorsque nous voulons effectuer un changement dans notre vie, veillons à ne pas aller à l'excès afin de ne pas en souffrir. Cherchons toujours l'équilibre et la juste mesure."

TROISIEME PARTIE

Notre santé,
conséquence karmique ?

Notre santé, conséquence karmique ?

QUESTION : "Peut-il y avoir des maladies d'origine non karmique" ?

REPONSE : "Cette question peut sembler superflue a priori pour celui ou celle qui sait bien en quoi consiste le karma. Le karma est, comme je l'ai déjà souligné au début de ce livre, la loi de causalité appliquée à la vie de l'homme. Cette loi de causalité étant immuable et systématique, la loi karmique l'est aussi obligatoirement, et tout fait, quel qu'il soit, est la conséquence d'autres faits. Toute maladie est donc karmique.

L'homme, malgré les progrès de son intelligence, a tendance encore à avoir une vision étriquée des choses. Il se contente de rechercher les causes immédiates des situations qu'il vit.

En allant plus loin, en analysant les événements et les

êtres dans leur ensemble, nous nous apercevons pourtant qu'il existe des causes plus profondes, des causes antérieures aux causes apparentes. Par exemple, lorsque la maladie se manifeste dans notre corps, nous nous contentons de constater que les signes, les souffrances, *les symptômes apparaissent* car tel ou tel organe fonctionne mal. En fait, même si l'organe en question se trouve diminué et perturbé dans ses fonctions, les vraies raisons de la déficience organique sont encore plus profondes. Généralement d'autres organes sont impliqués. Ils ont eu, eux-mêmes, une action négative sur l'organe actuellement malade, et si l'on cherche encore plus loin, on s'apercevra que, derrière les différentes causes matérielles, se trouvent des causes psychiques, des causes mentales, des causes spirituelles, des causes vibratoires. C'est l'état vibratoire de l'âme qui est atteint, c'est son fonctionnement qui est la cause des déficiences sur le plan matériel."

QUESTION : "Peut-on savoir si une maladie, un handicap, une difformité, sont dus à des causes situées dans des vies antérieures ?"

REPONSE : "Les problèmes de santé proviennent

souvent de l'existence actuelle que nous menons. Cela semble évident quand nous sommes conscients de notre vie et que nous observons nos comportements et nos pensées.

Lorsque quelqu'un boit beaucoup de vin ou d'alcool et qu'il est atteint d'une cirrhose, on pourra toujours donner, comme cause première, des comportements remontant à cinq ou dix vies antérieures. Mais il y a d'évidence une cause bien précise : lorsque la personne a commencé à boire, elle avait le choix de le faire ou non. Malgré ses problèmes, elle pouvait décider du chemin à prendre : entamer une psychothérapie, chercher conseil et appui auprès de ses amis, pratiquer un sport ou un autre dérivatif, ou encore se laisser aller à la boisson. L'homme a toujours le choix en permanence. Il a la faculté du libre arbitre, ce qui prouve bien que le karma ne peut être une fatalité, quelque chose qu'il doit subir totalement. Nous verrons dans un prochain ouvrage que le libre arbitre et la conscience augmentent à mesure que l'âme progresse.

Les causes les plus fréquentes et celles dont nous devrions déjà tenir compte par la simple observation autour de nous sont les causes existant au sein même de notre vie actuelle. Qu'il y ait des causes antérieures, c'est un fait certain puisque notre vie actuelle est la résultante de nos vies précédentes. La cause que l'on peut trouver dans la vie actuelle est forcément liée à une cause se situant dans la vie antérieure. Elle ne peut jamais être en contradiction avec les causes produites au cours d'incarnations passées. Mais à la limite, peu importe ! On pourra toujours trouver la cause de la cause, on pourra toujours fouiller et chercher la cause première. On remonte jusqu'au péché originel en procédant ainsi.

Ce qui est important, ce qui vaut la peine d'être observé, au cours des réincarnations, ce n'est pas que telle personne ait été banquier plutôt que laboureur, c'est que l'être puisse se sentir bien en lui-même, qu'il puisse s'épanouir, vivre dans l'harmonie et la paix, quelles que soient ses amours, quelle que soit sa profession. Le plus fondamental pour nous réside dans l'analyse des causes que nous avons produites déjà au cours de notre vie présente, afin de mieux nous comprendre et de pouvoir rectifier nos erreurs. Cette analyse nous permettra de percevoir les excès et les disharmonies de notre comportement et par conséquent de supprimer ce fatalisme karmique.

Observer, en fonction des lois cosmiques, notre situation actuelle, nos erreurs de jugement et de conduite est plus essentiel encore que rechercher les diverses causes dans nos vies passées. Cette introspection, conjuguée à notre volonté d'harmoniser la vie, nous évitera d'être constamment en contradiction avec les lois naturelles. Car à chaque fois que nous allons *à l'encontre de ces lois naturelles*, nous nous trouvons fatalement avec des chocs en retour, avec des réactions, avec - entre autres - cette loi de compensation qui fait que, lorsqu'on va trop à l'extrême dans un certain sens, on va ensuite à l'extrême dans un autre. Tant que nous en restons là, tant que nous ne cherchons pas à élever notre niveau de conscience, nous ne faisons que subir la vie. Nous sommes les esclaves de notre karma et nous n'avons rien maîtrisé du tout.

QUESTION : "Vous parliez tout à l'heure de la tendance qu'a l'homme à vouloir justifier ce qui lui arrive en cherchant les causes de ses malheurs dans les vies antérieures. Nous avons un besoin presque viscéral de connaître le pourquoi des choses et des événements. La seule connaissance des causes nous rassure déjà beaucoup, même si à la limite nous n'agissons pas dessus !"

REPONSE : "Le désir de connaître les causes des événements est une pulsion presque vitale. L'homme veut comprendre ce qui lui arrive, non pas pour une quelconque raison morale, mais parce qu'il cherche à résoudre les problèmes, à maîtriser les choses à un haut niveau. C'est là toute sa noblesse, c'est là toute sa valeur. L'homme sait, consciemment ou inconsciemment, que la loi de causalité agit en permanence. Il sait qu'il existe bel et bien des causes à tout événement, même si, par moments, il ne veut pas le reconnaître, s'il fait semblant de ne pas y croire, s'il feint de penser que les choses se produisent sans raison.

Ignorer pourquoi nous nous trouvons, par exemple, dans telle ou telle situation est pour nous particulièrement stressant et affolant. De même, l'enfant qui est puni sans raison est complètement traumatisé. Lorsqu'il sait pourquoi il est puni, il a la possibilité de rectifier son comportement pour ne pas encourir de punition la prochaine fois. Et même s'il n'adopte pas cette tactique, le fait de connaître la cause de sa punition représente du concret, du solide, de la terre ferme. Par contre, si les choses se produisent sans raison dans sa vie, il est entièrement déstabilisé, perturbé. Il se dit : "si je fais ceci, je risque de recevoir un coup, si je fais cela, je risque de recevoir un coup". Il a pour ainsi dire *une épée de Damoclès* qui plane au-dessus de sa tête. Et le coup peut tomber à tout moment, il ne sait ni quand ni comment.

Risquer de subir quelque épreuve sans pouvoir y faire face constitue,à juste titre, une des plus grandes peurs de l'homme. L'être est complètement désorienté. Il se retrouve dans l'incertitude totale, dans le néant. Tout est possible, il n'y a plus aucune loi. Et si l'homme a l'impression qu'aucune loi n'existe plus, cela veut dire que lui aussi est totalement incohérent, qu'il n'est plus lui-même, et que Dieu n'est plus là. Car à travers la loi, c'est Dieu qui est visé. Les lois cosmiques émanent de Dieu. Elles sont les manifestations de Dieu dans notre univers. Elles représentent ce qui est perceptible pour l'homme juste avant Dieu. Par elles, nous pouvons atteindre une parcelle du divin.

Si subitement l'homme a le sentiment qu'il n'y a plus de lois, il se trouve devant l'anarchie et le chaos. Et dans le chaos l'homme ne peut plus vivre. Il est détruit complètement. La vie elle-même est organisation, elle s'édifie, elle se construit, elle évolue, elle progresse. Si tout à coup cette vie est soumise au chaos, elle est détruite dans l'oeuf, elle est anéantie dans le plus profond d'elle-même."

QUESTION : "A propos des causes à l'origine de notre karma, je voudrais faire cette remarque : non seulement nos pensées et nos actes déterminent les circonstances de notre vie, mais des influences extérieures, parfois très importantes, entrent aussi en jeu. Dès lors, nous ne saurions être tenus pour responsables de la totalité de notre karma, puisque ces influences extérieures nous échappent."

REPONSE : "La question que vous soulevez là est très intéressante.

On peut, grosso modo, distinguer trois séries de causes régissant notre karma :

- Certaines causes relèvent directement de notre vie actuelle, de notre incarnation présente. Elles sont dues à nos actes, à nos pensées, à notre comportement.

- Certaines causes se rattachent aux comportements, aux actions, aux pensées que nous avons pu avoir dans des incarnations passées, et elles se répercutent dans notre vie actuelle.

- Certaines causes, elles, sont dues effectivement à des influences extérieures à l'être. Ces influences extérieures se produisent *à cause de l'interférence des âmes avec d'autres âmes, d'autres entités, d'autres corps,* quels qu'ils soient (corps astraux ou corps terrestres). Mais lorsqu'on analyse bien les choses, on peut se rendre compte que ces causes extérieures à l'être sont toujours étroitement liées à l'état de son âme et à son évolution.

Quelles que soient les causes extérieures qui agissent sur un individu - causes astrologiques ou causes provoquées par l'action d'autres entités, d'autres êtres - les conséquences qui vont en découler pour l'être dépendront toujours de la façon dont son âme va gérer ces causes extérieures.

Imaginons le cas de deux êtres soumis à la même influence planétaire (influence astrologique des corps astraux, des planètes de notre système solaire). Ils ne vont pas réagir de la même manière. L'un intègrera cette influence sans difficulté, l'autre par contre ne la supportera pas ou en sera très perturbé. Il en est de même pour des influences exercées non par des planètes mais par d'autres âmes, par leurs actions, par leurs pensées, par leurs paroles, par les formes astrales qu'elles émettent. Tout en ne niant pas les facteurs extérieurs, c'est avant tout ***l'évolution de l'âme,*** sa capacité à gérer et à maîtriser les diverses influences venant de l'extérieur, qui déterminera son destin et son futur karma."

QUESTION : "Que penser des êtres qui naissent handicapés physiques ou mentaux, affligés d'un lourd karma ? Quel genre de causes intervient dans ces cas si douloureux ?"

REPONSE : "Lorsqu'un être naît avec une difformité, un handicap, une débilité, bien sûr on ne peut incriminer des causes se rapportant à la vie actuelle, puisque cette vie n'a pas encore commencé, la conscience même de l'être n'est pas active. On retrouvera forcément des causes imputables à l'état vibratoire de l'âme avant la naissance, dans des vies antérieures.

Il ne faut pas s'imaginer cependant que si l'être se réincarne dans un corps débile, cela voudra dire obligatoirement que cette âme a des choses à expier. Lorsqu'un alpiniste chevronné cherche à gravir le

Mont Everest, il peut très bien, malgré tout son savoir-faire, déraper et se tuer. *Il y a des accidents*. Si l'âme se confronte ou est confrontée à des influences particulièrement puissantes, si elle est obligée de combattre ces influences ou si, par son libre arbitre, elle a décidé de s'attacher à un combat particulièrement dur pour influencer et améliorer l'humanité, fatalement elle prend de gros risques. Il est possible alors, tout au moins en ce qui concerne son incarnation, qu'elle "rate son coup". Cette âme pourra être mal incarnée."

QUESTION : "A ce moment-là, elle aboutit à l'inverse de son objectif, car en s'incarnant dans un corps si déficient, elle ne pourra pas entreprendre grand chose. Il y a là un paradoxe."

REPONSE : "L'âme, en quelque sorte, a surestimé ses forces. Cela prouve qu'elle n'est pas encore assez évoluée, assez forte. La vie même parfois "rate son coup" si je puis dire. Sans même considérer le monde humain, regardons simplement les espèces animales au cours de l'évolution. Certaines ont échoué dans leur tentative de survie : elles n'ont pas pu réellement s'adapter au milieu ambiant, le dominer. Ces espèces ont fini par disparaître. D'autres, par contre, s'étant adaptées, ayant réussi à maîtriser leur environnement, ont survécu et se sont développées. Remarquons à l'occasion que les animaux aussi ont cette recherche d'adaptation et de maîtrise du milieu.

Il y a parfois des erreurs. L'âme, elle même, comme tout ce qui vit dans l'univers, fait des essais et parfois ces essais sont lourds de conséquences. A ce moment-là, l'âme échoue sur le plan matériel : elle peut très bien ne pas s'incarner dans un corps vital. Un déphasage se produit. Elle a voulu trop en faire en quelque sorte et elle s'est affaiblie. Il y a bien au sein même de la vie une recherche de construction, d'optimisation, mais l'optimisation ne survient pas à chaque fois."

QUESTION : "Par quel processus l'âme qui a surestimé ses forces peut-elle s'incarner dans un corps débile ? Comment cela se passe-t-il concrètement si j'ose dire ?"

REPONSE : "Dans une vie précédente, l'âme s'est peut-être attachée à une tâche au-dessus de ses moyens. L'être dans lequel elle s'était incarnée alors a pu éprouver des craintes redoutables, subir des épreuves très dures, mourir dans des souffrances atroces, sous la torture par exemple. L'âme est donc littéralement traumatisée, perturbée, meurtrie au plus profond d'elle-même. Elle est déséquilibrée au plus haut point, temporairement peut-être, mais il n'empêche qu'elle a été marquée profondément et que pendant plusieurs incarnations, elle peut être dans l'incapacité totale d'aimer la vie. Elle ira donc plutôt vers un corps de mort que vers un corps de vie, car s'incarner dans un corps débile, c'est s'incarner dans la mort.

Comme cette âme a vécu la mort, la tristesse, l'angoisse, le stress à un haut niveau, elle va s'incarner dans un corps déficient, car elle est habituée à ces vibrations négatives. *En vertu de* ***la loi d'affinité,*** elle est "attirée" par ce type de vibrations - non parce qu'elle juge que cet état vibratoire lui a été profitable, au contraire elle a souffert terriblement - mais par simple habitude, parce qu'elle connaît bien cet état vibratoire.

J'ouvre ici une parenthèse. Cette loi d'affinité, d'attirance, est parfois appelée loi d'amour. Je préfère, quant à moi, utiliser le terme affinité, car l'amour véritable est l'amour harmonieux, l'amour caractérisé par la conscience. Or l'amour qui est évoqué dans l'exemple ci-dessus, c'est l'amour astral, l'amour aveugle, l'amour purement matériel. Ce type d'amour peut se transformer facilement en haine. L'amour et la haine sur terre proviennent de l'amour astral : ce genre d'amour peut attirer un amour semblable et, s'il se change en haine, repousser avec autant de force ce qu'il avait attiré.

Pour s'incarner dans un corps valide, l'âme ne doit pas avoir de déséquilibre, elle doit être suffisamment forte. Un corps débile peut abriter une âme bienveillante, qui ne cherche nullement à nuire, mais si cette âme est meurtrie et blessée, si elle manque de vigueur, elle ne pourra pas s'incarner efficacement dans un corps."

QUESTION : "Pour quelles raisons ?"

REPONSE : "Quand les âmes cherchent à s'incarner, une sorte de lutte s'engage pour trouver les corps les plus sains, les plus aptes à la vie. Le processus est assimilable à la quête de la nourriture chez les animaux : ce sont les plus forts qui se taillent les belles parts et qui mangent. Les faibles ne pourront récupérer que quelques petits restes. L'âme, quand elle se réincarne, se trouve dans cette situation.

Evidemment plus l'âme est évoluée, plus elle disposera d'une conscience élargie et d'une grande connaissance des choses : elle évitera donc de se trouver dans un état d'incohérence, de faiblesse, de perturbation, afin de ne pas se diriger vers un corps débile, à moins qu'elle n'ait fait volontairement un tel choix dans une optique précise."

QUESTION : "Et les morts d'enfants en bas-âge ? La raison en est-elle une sorte de punition infligée aux parents par l'âme qui s'incarne ?"

REPONSE : "Pas nécessairement. Avant de s'incarner, l'âme connaît, dans les grandes lignes, les conditions de sa future vie. Elle sait donc dans quel genre de famille elle vivra le début de son existence.

Néanmoins, comme le libre arbitre est toujours présent, la conduite des parents et les événements qui en découleront ne sont pas connus d'elle à l'avance. Il se peut donc que l'âme soit déçue, car le milieu dans lequel elle arrive ne correspond pas réellement à son attente. Elle décide alors de se retirer. La mort survient rapidement après un accident ou une maladie infantile quelconque. Dans cet exemple, le comportement inattendu des parents est directement responsable de la décision de l'âme de se retirer.

Dans d'autres cas, c'est l'âme elle-même qui, par son imperfection, a commis une erreur de jugement. Elle s'est trompée tout simplement dans le choix de sa famille.

On retrouve le même genre de causes lorsqu'un avortement a lieu. La plupart du temps, pour toute naissance, il y a accord entre l'âme qui se réincarne et les parents qui l'accueillent. Mais dans certains cas, il peut y avoir erreur, mauvaise orientation de l'âme. Dès lors, il est souhaitable pour les parents, et en particulier pour la mère, que cette âme ne se réincarne pas.

Vouloir défendre la vie du foetus, coûte que coûte, envers et contre tout et même contre la vie de la mère ou contre son épanouissement, est absurde et même criminel. Ce qui est essentiel, lors d'une grossesse, c'est avant tout l'état mental, le comportement harmonieux et responsable de la future mère. N'oublions pas que le foetus, vivant en symbiose avec la mère, est très sensible à tout ce que pense, tout ce que ressent, tout ce que vit la mère. Ce n'est donc pas parce qu'il y a grossesse que nous serons certains que l'âme cherchant à s'incarner se trouve dans de bonnes conditions. L'important, dans les tout premiers mois de la grossesse, est de savoir si le nouvel être qui va naître sera en harmonie avec la famille et la mère qui l'accueillent, si, en quelque sorte, cet enfant est souhaité ou non.

L'être humain est responsable lorsqu'il prend la décision d'accomplir tel ou tel acte dans la vie. L'animal, lui, n'ayant pas de conscience est soumis aux règles de vie de son groupe et ne fait que subir sa destinée. Dans le passé, l'homme n'avait pas une conscience aussi développée que maintenant. Il ne se préoccupait pas de *contrôler sa procréation.* De nos jours, la conscience de l'homme lui permet d'avoir un pouvoir de décision et une responsabilité dans les actes qu'il effectue quotidiennement, et tout particulièrement dans celui qui consiste à donner la vie.

Bien sûr, lorsqu'il s'agit de choisir les conditions favorables à l'avènement d'un futur être sur terre, la contraception est préférable à l'avortement. Mais dans les cas difficiles, il est normal que la femme décide elle-même de l'opportunité de garder ou non un foetus en formation."

QUESTION :"Certains réincarnationnistes n'attribuent pas obligatoirement les causes de nos maladies à des actes ou à des pensées négatives que nous aurions eues dans cette vie ou dans des vies antérieures. Selon eux, nos maladies, nos troubles, nos problèmes de santé sont parfois de simples accidents. Partagez-vous cette opinion ?"

REPONSE : "Ce point de vue ne me semble pas très cohérent. L'homme subirait des circonstances, en l'occurence des maladies, sans qu'il n'en ait engendré les causes, d'une manière ou d'une autre, donc sans que le karma n'intervienne. Ces réincarnationnistes en arrivent à cette conclusion, je pense, parce qu'ils n'envisagent qu'une seule forme de karma : *le karma moral.* Il en viennent donc à penser que des maladies, des événements peuvent se produire dans la vie, sans rapport avec le karma. Comme d'après eux il n'y a pas de cause karmique, ils ne savent plus comment interpréter la chose. Ils se contentent de dire : "Telle personne a eu une jambe cassée, coupée... C'est un accident. Celui qui a provoqué cet accident en paiera les conséquences. Telle personne souffre d'un ulcère à l'estomac : cela est dû aux agressions de son entourage !"

Je ne partage pas cette opinion. La loi de causalité s'applique en permanence. Pour cette raison, tous les événements de la vie humaine sont karmiques. Un grand nombre d'entre eux sont dus à la loi d'action-réaction entre l'évolution de l'âme et les lois morales. Cet aspect de la loi karmique fait partie du karma que j'appellerai le ***"karma moral ou vertical"***.

Il existe cependant un autre aspect du karma que je désignerai cette fois-ci sous le nom de ***"karma horizontal"*** et qui est lié à l'action de l'âme par rapport aux lois de la nature, par rapport au monde environnant. Selon son évolution, en effet, l'âme maîtrise plus ou moins bien son environnement. Par conséquent si elle n'a pas assez de force, pas assez de maîtrise, elle ne parviendra pas à s'introduire dans un corps physique qui l'épanouisse, elle ne réussira pas à être guidée correctement vers les événements, les choses, les êtres, qui puissent lui éviter des troubles.

L'âme est encore imparfaite. Même si elle ne fait pas de mal, son incompétence et son manque de conscience l'empêcheront d'être attirée vers un chemin agréable. L'être peut très bien subir des accidents ou des circonstances négatives sans pour autant avoir commis de méfaits contre les autres. Il n'aura pas agi contre autrui mais on peut dire qu'il aura agi contre lui-même, puisque, faute de conscience, faute d'évolution, il n'aura pas été en mesure de contrôler correctement sa vie.

N'ayant pas de véritable contact avec les forces cosmiques, l'être ne peut pas être guidé comme il le faudrait : il fera, par exemple, un geste malheureux qui va lui provoquer un accident. La cause est donc bien présente et liée à son karma. La situation négative que l'être est en train de vivre est une sorte de choc en retour, mais ce choc en retour n'est pas dû à la confrontation entre la morale et les croyances de l'être, mais entre les lois cosmiques et l'état imparfait de son âme. C'est un choc en retour horizontal.

L'âme n'ayant pas une suffisante compréhension, une suffisante maîtrise de ces lois cosmiques, n'a pu, à cause de son manque d'évolution et de conscience, éviter un chemin malheureux qui l'a conduite vers un accident."

QUESTION : "C'est donc l'imperfection de notre âme, sa faiblesse, en quelque sorte, qui nous conduit vers des écueils, vers des circonstances dramatiques ?"

REPONSE : "Comme nous venons de le voir, l'âme peut subir des épreuves du fait de son imperfection. Elle n'est pas assez évoluée pour agir dans le monde matériel sans rencontrer de difficultés. De plus, une âme bienveillante, une âme qui n'a donc pas de mauvaises intentions à l'égard d'autrui, peut également souffrir et connaître des malheurs tout simplement parce qu'elle est perturbée par des conflits intérieurs engendrés par une morale destructrice.

A chaque fois qu'un accident se produit, on a tendance à dire qu'il a été provoqué par une "faute karmique" . Il faut bien comprendre que ces "fautes karmiques" sont liées à des conflits. Si aucun antagonisme n'était présent dans l'âme elle-même, dans le mental, aucune répercussion négative n'aurait lieu sur le plan matériel. C'est pour cela que les êtres qui se comportent un peu comme les animaux n'ont pas de conflit intérieur. Certains s'adonnent à des actes destructeurs, mais ils le font sans se poser de questions, un peu comme de braves bêtes. Ce genre de personnes aura beaucoup moins de chocs en retour que d'autres êtres bien moins féroces mais en proie à des conflits intérieurs.

L'être qui se pose des questions sans les résoudre est fragilisé et il se trouve forcément dans un état d'incohérence mentale. Sans ligne de conduite déterminée, sans philosophie précise, sans croyances suffisamment fortes, il sera perpétuellement en train d'hésiter, de douter et il en souffrira. ***Cela explique que tant de gens soient malheureux et souffrent à notre époque,*** alors que la médecine et la science permettent une bien meilleure qualité de vie que par le passé. Les gens souffrent parce qu'ils n'ont plus de croyances solides, plus de philosophie de vie cohérente.

L'homme a besoin, au niveau psychique et donc au niveau de son âme, d'une cohésion mentale. C'est ainsi que l'âme est forte, et elle détient cette force dès l'instant où une structure cohérente existe en elle. Si la personne a des croyances contradictoires ou si elle ne croit plus en rien, elle ne sait plus où elle en est, elle ne sait plus ce qui est vrai, ce qui est faux, elle est complètement déstabilisée, et son âme est dans un état d'anarchie.

Le nombre important de cancers à notre époque est lié à cet état mental d'anarchie où sont plongés beaucoup de nos contemporains. Ils n'ont plus de croyances correctes. Il vaudrait mieux, à la limite, pour ce qui est de la santé, et uniquement dans ce domaine, avoir une bonne croyance fanatique. Dès lors, la personne est bien dynamique, son âme est forte, la santé revient chez elle, et des miracles s'accomplissent. S'il y a des conflits intérieurs, la vitalité diminue, la santé s'étiole.

Cela dit, il ne faut pas non plus s'imaginer qu'en ayant des conceptions fanatiques, on va pouvoir trouver une solution à tous les obstacles karmiques, quels qu'ils soient. Bien entendu, on va faire disparaître un certain nombre de *troubles de santé*, mais les problèmes imputables aux conflits avec d'autres âmes ou avec les lois cosmiques demeureront.

Quand quelqu'un se comporte d'une manière fanatique, il va forcément gêner les autres. Cet être jouira d'une bonne santé, d'une forme physique et morale étonnante. Il se sentira fort comme le vrai guerrier, comme le vrai prédateur. Mais ce prédateur va obligatoirement se trouver en conflit, du fait des lois cosmiques, avec d'autres prédateurs. Dès cet instant, la loi de la jungle, la loi du plus fort, va s'appliquer : il y aura évidemment un gagnant et un perdant. Et le perdant subira les conséquences de sa défaite. C'est ainsi que les choses se sont déroulées pour Hitler et pour d'autres prédateurs."

QUESTION: "On dit qu'il faut se battre même quand une maladie est dite incurable. Pourquoi ?"

REPONSE : "Il est fondamental que l'être humain cultive la patience, la constance et le courage en particulier. Le courage, avec l'opiniâtreté, est caractéristique de la propension de l'âme à conserver son identité et à lutter. Car c'est dans cette lutte que l'âme peut se renforcer. Même si la maladie est grave, l'âme met ainsi tous les atouts de son côté pour en triompher. La médecine fait l'expérience tous les jours de *guérisons inespérées* : des cas qu'elle jugeait incurables ont été guéris tout simplement par la volonté de l'être de lutter et de vaincre la maladie.

Et même si l'âme ne peut pas vraiment triompher de la maladie, elle se sera exercée à affronter la matière. Elle aura donc recherché en quelque sorte à agir dans la matière pour la modifier, et cet exercice d'action dans la matière lui donnera d'autant plus de force pour ses incarnations suivantes. L'âme développera aussi sa vigueur, bien sûr, au cours de sa vie présente.

Un être qui se laisse aller se démotive, il se résigne et affaiblit ainsi son âme et son corps. En agissant de cette manière, il ne pousse pas son âme à s'exercer. Il ne l'incite pas à influencer, à maîtriser la matière et manque en quelque sorte à sa mission. Car le but de l'âme est d'harmoniser le monde matériel."

QUESTION : "Que devons-nous faire pour avoir toutes les chances de jouir d'une bonne santé dans nos incarnations à venir ?"

REPONSE : "En observant des règles simples d'hygiène physique et mentale, nous pouvons déjà améliorer notre état de santé dans notre vie actuelle. De plus, en entraînant notre esprit à contrôler notre corps, nous acquerrons des habitudes salutaires pour nos vies futures. Ainsi, que nous soyons en bonne santé ou que nous ayons une santé déficiente, les efforts que nous ferons pour augmenter ***notre capital de santé*** seront fructeux à la fois pour notre existence actuelle et pour celles à venir.

Evitons tout d'abord de malmener notre corps par toutes sortes d'excès ou de carences. Une nourriture équilibrée, une hydratation correcte (1 litre - 1 litre et demi d'eau par jour), un sommeil suffisant, adapté aux besoins de chacun, un minimum d'exercice physique sont les bases mêmes de notre santé. N'oublions pas non plus l'importance capitale de la respiration. Si nous arrêtons de respirer, nous mourrons au bout de quelques minutes. Une respiration correctement effectuée restaure nos forces physiques et nerveuses, stimule toutes nos fonctions vitales et nous apporte une meilleure maîtrise de notre corps et de notre esprit. Vous trouverez dans "*L'Essentiel à savoir pour vivre heureux et réussir*" toutes les indications utiles sur la respiration et sur la manière de bien vivre et de réussir.

Efforcez-vous de vous rythmer. Votre vie est réglée par l'alternance du jour et de la nuit, de la veille et du sommeil ; ce sont des rythmes qu'il faut suivre. Tâchez de manger, de vous coucher, à heure régulière. Ne changez pas de rythme en permanence : c'est ce changement qui provoque des déséquilibres nerveux et des maladies dans le monde.

Sachez aussi quels sont vos besoins, vos limites, vos capacités, afin de ne pas vous fixer de buts inaccessibles et de bien orienter votre vie.Vivez le plus possible de manière harmonieuse avec vous-même et avec votre entourage. Recherchez la compagnie de gens équilibrés et optimistes. Cultivez l'effort, le courage, la persévérance, la patience. Ces qualités viennent à bout des difficultés les plus grandes et fortifient les ressorts du psychisme. Organisez-vous : l'organisation vous permettra de posséder une structure mentale cohérente et vous facilitera la vie. Avoir une cohésion mentale est en effet primordial pour développer sa force psychique et ***son pouvoir d'action.***

Les conflits psychiques perpétuels déséquilibrent au plus haut point. L'hésitation, le doute, nous empêchent d'agir correctement, divisent notre esprit et affaiblissent notre âme. Si notre structure mentale n'est pas cohérente, notre âme risque de ne pas pouvoir s'incarner dans un corps suffisamment vital.

Des pensées saines et harmonieuses permettront à votre esprit de produire des vibrations positives. Un esprit résolu, cohérent et confiant dans la vie, est un des meilleurs atouts pour se construire une bonne santé."

QUATRIEME PARTIE

Fatalité, hasard
ou
liberté ?

Fatalité, hasard
ou
liberté ?

QUESTION : "Quelle attitude adopter devant notre karma ? Certains se résignent en disant : "C'est mon karma !", sous-entendu, il n'y a rien à faire. D'autres se révoltent franchement devant ce qu'ils considèrent comme injuste. Et puis il y a ceux qui "font avec", en essayant de vivre le mieux possible malgré les difficultés. Peut-on vraiment modifier son karma, quelle est notre part de liberté ?"

REPONSE : "D'une certaine façon le phénomène karmique est quelque chose de plus compréhensible que les conceptions des diverses religions. Finalement il y a un élement très naturel dans les conceptions karmiques, puisqu'elles contiennent l'idée de perfectionnement. Nous pouvons vérifier la validité de cette idée directement.Au cours de l'histoire de l'humanité, l'homme a progressé sur tous les plans, avec parfois des chutes, des retours en arrière, mais toujours dans un élan vers le perfectionnement.

Les âmes individuelles, les âmes groupes se perfectionnent et bien entendu nous pouvons modifier notre karma. Transformer son karma est le propre même de l'âme. L'âme tend à modifier son karma en permanence, elle cherche à évoluer, à atteindre la connaissance totale qui lui permettra de pouvoir utiliser son véhicule terrestre, c'est-à-dire le corps physique.Ainsi, non seulement elle pourra agir et vivre dans la paix et l'épanouissement en tant qu'être humain, mais encore elle pourra s'élever davantage dans la compréhension du monde et de l'univers.

L'âme, au fur et à mesure qu'elle évolue, peut apprécier à la fois sa vie matérielle et sa vie dans l'au-delà, puisqu'en se perfectionnant elle se rapproche de plus en plus de Dieu. Elle atteint des niveaux de conscience supérieurs, au point qu'elle peut jouir de toutes les satisfactions, de toutes les vibrations subtiles qui sont présentes au sein du divin.

Quant à la part de liberté dont l'âme dispose, il s'agit toujours et avant tout d'un rapport de force. L'âme possède en elle cette recherche de perfectionnement. Elle est momentanément empêchée dans son amélioration par diverses influences. Elle est d'autant plus retardée dans son évolution qu'elle n'a pas augmenté suffisamment sa conscience et ses connaissances. Au fur et à mesure que l'âme grandit en conscience et en savoir, elle acquiert une liberté supérieure, elle atteint une maîtrise de plus en plus importante d'elle-même et de son corps physique.

La liberté s'accroît à mesure que la conscience s'élève. L'âme des animaux est limitée à la liberté de *l'âme groupe*, c'est-à-dire que la liberté individuelle, chez les animaux, n'existe pratiquement pas, puisque l'animal est complètement dépendant de son groupe, de son espèce. L'homme, lui, a cette faculté de liberté grâce à sa conscience individuelle.

Que la vie actuelle de chacun soit la conséquence du passé n'implique absolument pas une fatalité ou un destin déterminé pour la vie future. Ce serait oublier l'importance fondamentale de la conscience humaine, du libre arbitre de l'homme. A tout moment, nous pouvons, en modifiant nos pensées, changer l'état vibratoire de notre esprit et le contenu du plan astral. Nous avons ainsi un pouvoir sur notre destinée.

Si vous avez des souffrances, des épreuves dans cette vie,si certains événements que vous attendiez ne se sont pas produits, cessez de vous lamenter, en répétant que vous n'y pouvez rien, que c'est votre karma et que vous n'arriverez jamais à quoi que ce soit. Otez de votre esprit l'idée très courante que si vous souffrez, c'est parce que vous avez avez commis des actes ignobles dans une vie antérieure et qu'il est normal que vous soyez puni, que vous payiez pour le mal que vous avez fait : nous avons vu que les choses ne se passent pas ainsi. Cette attitude mentale fataliste ne fera que renforcer le processus négatif.

Sachez que rien n'est irrémédiable à ce niveau. Dites-vous bien que si vous rencontrez effectivement des problèmes aujourd'hui, c'est que vous n'avez pas su vibrer suffisamment positivement et harmonieusement et que vous subissez, par conséquent, les effets de vos pensées négatives et de vos négligences passées. N'en faites pas une montagne. Contentez-vous de modifier vos vibrations de pensées et vos actes.

Cela est moins difficile que vous ne pensez. Dans mon livre : "*Vos Pouvoirs secrets et la Maîtrise de votre Destin*", j'explique comment vous pouvez, très simplement, sans vous gâcher ni vous compliquer la vie, arriver à changer cet état vibratoire, au point de faire disparaître toute conséquence négative, quelle qu'elle soit, venant du passé.

Il est vrai qu'un certain nombre d'événements défavorables pourront encore se produire aujourd'hui, demain, dans un mois et même dans plusieurs mois, événements qui seront la conséquence non pas de vos mauvaises actions mais de votre manque d'harmonie, de votre manque de solidité vibratoire.

Vous subirez, pendant quelque temps encore, les effets de vos pensées négatives antérieures. Cependant, progressivement et malgré tout assez rapidement, vous verrez apparaître des circonstances heureuses, conséquences de votre nouvel état vibratoire, de votre nouvel état psychique positif et harmonieux. Le processus est valable aussi bien dans le sens positif que dans le sens négatif. Vous pouvez beaucoup, chacun à votre niveau. Il vous suffit d'utiliser les pouvoirs qui sont en vous.

Notre karma, l'orientation potentielle de notre vie future, peut être modifié, transcendé, en vue d'une nouvelle orientation.

Notre libre arbitre, la faculté que nous avons de choisir, de décider, transforme en permanence le contenu de notre karma.

Savoir user de son libre arbitre avec sagesse, c'est produire de bonnes causes et préparer son futur dans des conditions favorables. Notre comportement, nos attitudes mentales sont capitales pour construire notre avenir déjà dans cette vie. Nous avons une responsabilité dans notre destinée et dans celle de notre entourage, dans celle de l'humanité."

QUESTION : "Dans les religions orientales, dans le bouddhisme par exemple, le but suprême de la vie est de se libérer du karma, de rompre la chaîne des réincarnations. Comment est-ce réalisable ?"

REPONSE : "La doctrine des religions orientales prône la libération du karma par la voie du non-attachement. Il faut, d'après ces conceptions, éviter les désirs, les sentiments, pour ne pas trop s'engager dans la matière et ne pas créer de causes karmiques. C'est ainsi que l'on atteint le nirvana. Mais cela revient à vivre dans une sorte de néant, de non-être, et je pose la question : "A quoi sert, à ce moment-là, notre incarnation dans la matière, s'il faut tout faire pour nous en détacher ?

Je ne partage pas, quant à moi, ce point de vue, car je pense que nous avons une mission à remplir dans le monde matériel. Néanmoins, il existe un moyen de se libérer du karma, en cherchant à élever sa conscience, en observant son comportement, en analysant ses actes sincèrement, en les confrontant par exemple aux cinq principes. L'importance que revêtent ces cinq principes dans notre vie quotidienne est capitale. En procédant de cette manière, l'homme a la possibilité d'améliorer son comportement et les conditions de son existence dans cette incarnation et dans celles à venir.

Par l'élévation de notre conscience, nous pouvons avoir accès à tout ce qu'il y a au fond de notre âme: nous percevons ainsi nos pulsions les plus profondes, nous parvenons à les digérer, à les prendre en charge et dès lors nous ne sommes plus en conflit ni avec la morale de l'époque, ni avec les morales antérieures. Certains êtres peuvent ainsi se mettre à l'écart de toutes les influences négatives parce qu'ils ont assimilé en eux toutes les choses vécues par leur âme.

Chercher à se responsabiliser, c'est aussi acquérir une plus grande conscience de soi et du monde qui nous entoure. Cette démarche constitue le meilleur moyen de lutter contre toutes les conséquences karmiques possibles que nous pourrions avoir.

En augmentant le niveau de sa conscience, l'homme parviendra à être conscient de tous les tenants et aboutissants de ses propres actions et de celles des autres. Il ne va plus voir les choses de façon limitée, de son propre point de vue, il sera capable de voir les choses du point de vue des autres. Il va relativiser les événements, il va avoir une vision globale qui lui permettra d'aller instinctivement dans les endroits appropriés, au moment où il faut, pour ne pas se trouver en conflit avec la morale ou les lois cosmiques.

L'être qui sera parvenu à ce stade d'évolution appliquera le véritable bien. Il ne pourra plus être en conflit avec son entourage, puisqu'il en tiendra compte. Il recherchera à la fois son propre bien-être et celui des autres et n'acceptera pas de faire son bonheur aux dépens d'autrui. Son attitude n'est pas de l'opportunisme, il respecte vraiment ses semblables.

Même s'il regrette, par exemple, que les autres adhèrent à des dogmes, il ne va pas se mettre à les critiquer, à les agresser ou à les persécuter. Il va utiliser tous les moyens les plus raffinés, des moyens remplis d'amour, pour essayer de communiquer son message sans heurter, sans chercher à faire la guerre. L'être ayant une conscience élevée va se rendre compte également qu'il ne sert à rien de se culpabiliser mais qu'il faut être conscient de ses erreurs, de ses défauts, de ses actes nuisibles et chercher à y remédier.

Cet être, par son attitude de haute conscience, va annihiler tout choc en retour. Ayant digéré toutes ses expériences, il n'aura ni conflit intérieur, ni conflit extérieur. Il cherchera à vivre avec beaucoup d'amour en évitant un climat de guerre permanente. Il va appliquer les lois cosmiques, il va s'en servir pour arriver à générer des structures harmonieuses et cohérentes dans sa vie et dans le monde. Voilà en fait le but même de toute âme et de tout être humain.

Tout le karma pousse l'homme dans cette voie de perfectionnement. L'être humain est obligé de se libérer de son karma et pour cela il est forcé d'augmenter sa conscience. S'il ne le fait pas, il sera constamment en train de subir des événements qu'il ne pourra pas contrôler.

Pour pouvoir maîtriser la vie, il doit s'efforcer

d'élever le niveau de sa conscience, ne pas se contenter simplement de sa conscience individuelle mais voir les choses du dessus. A partir du moment où il voit les choses du dessus, il les relativise, il ne cherche pas à écraser les autres, mais à vivre en bons termes et en harmonie avec le reste de l'univers. L'homme doit s'appliquer à construire des structures qui s'harmonisent au tout. Et ces structures, pour être bienfaisantes, ne doivent pas provoquer des manques à certains niveaux ou des surplus à d'autres. Il est donc indispensable, pour notre épanouissement, de mettre en oeuvre les éléments qui nous permettront de maîtriser notre vie et de nous libérer de notre esclavage karmique."

QUESTION : "Ce but semble difficile à accomplir pour chacun de nous, dans la vie quotidienne. Est-il vraiment à notre portée ?"

REPONSE : "La perfection n'est pas de ce monde, cela est certain. Mais acquérir un bien-être suffisant et une maîtrise convenable de sa vie est accessible à tous.

Tous ceux qui ont pratiqué mes enseignements ont compris combien il est facile de réussir et s'épanouir quand on est correctement guidé, que l'on suit des indications claires et simples et que l'on évite de s'égarer dans des connaissances complexes, contradictoires et très difficiles à appliquer. Les techniques, les conseils que je donne dans mes ouvrages, permettent à chacun de se libérer de l'esclavage karmique et de construire sa vie à tout moment. Ce n'est qu'en acceptant de prendre votre existence en main et de changer la partie négative de vous-même que vous pourrez réussir à trouver le bien-être et l'épanouissement.

Je souhaite à tous mes lecteurs de bien prendre conscience de ce qui pourra réellement et définitivement changer leur vie en bien."

Pour tout renseignement sur les publications et les séminaires de Philippe MORANDO, vous pouvez téléphoner au :
45 82 88 38 (16/1)
ou écrire aux : EDITIONS PHILIPPE MORANDO
42, rue Monge 75005 PARIS

PUBLICATIONS
Philippe Morando

EDITIONS PHILIPPE MORANDO
42, rue Monge
75005 PARIS
Tél : (16/1) 45 82 88 38

LA CASSETTE

"COMMENT REUSSIR et S'EPANOUIR grâce à une RESPIRATION SPECIALE"

Par Philippe Morando

Exercices pratiques

COMMENT UNE SIMPLE RESPIRATION PEUT-ELLE CHANGER RADICALEMENT VOTRE VIE ?

Cela vous semble peut-être impossible. Pourtant, en pratiquant consciencieusement cette respiration spéciale, vous allez en constater l'efficacité. Grâce à elle, vous allez pouvoir transformer votre vie positivement, **améliorer votre vitalité et vos relations avec les autres, vivre dans de meilleures conditions.**

Durée 60 mn - Prix : 95 F

En vente dans les librairies et les grandes surfaces (à défaut chez l'éditeur)

Thérapeute, sophrologue et écrivain, **Philippe Morando** organise à travers la France des séminaires de développement personnel apportant à chacun une optimisation de ses capacités de réussite et d'épanouissement. Il est en coutre conférencier de l'Office Commun de Formation Européenne.

Le Docteur Lafont est ancien interne et ancien assistant des hôpitaux. Il se consacre au développement personnel depuis plusieurs années. Il a la responsabilité de nombreuses émissions radiophoniques de santé.

LES ETAPES DE VOTRE FORMATION

1ère Cassette : Qu'est-ce que l'harmonie, en quoi consiste-t-elle ? Pourquoi est-elle indispensable pour obtenir la santé, le bien-être, mais aussi pour profiter pleinement et agréablement de la réussite. Pourquoi est-elle indispensable pour réussir sa vie affective ? Pourquoi est-elle indispensable pour réussir sa vie professionnelle ? Comment construire sa vie avec efficacité, solidité, stabilité et durabilité ? Comment se protéger grâce aux lois de la nature ? Comment ne pas subir sa vie ? Comment ne pas subir l'influence des autres et des circonstances?

2ème Cassette : Exercice spécial pour augmenter la puissance de l'harmonie en soi. Les facultés secrètes de l'esprit. Fonctionnement - Conseils pratiques du Dr LAFONT : "Comment se débarrasser du tabac."

3ème Cassette : Recommandations importantes pour optimiser votre efficacité dans la vie quotidienne. Des moyens pour vous construire et réussir. Augmentez votre vitalité et votre santé en améliorant considérablement votre sommeil. Conseils pratiques du Dr LAFONT : "Comment bien dormir."

4ème Cassette : Interactions et influences en vous et autour de vous. Rapports de forces entre l'extérieur et notre générateur d'énergie autonome. Comment renforcer les capacités de notre générateur. Comment utiliser notre subconscient efficacement. Conseils pratiques du Dr LAFONT : "Comment prendre en charge sa santé."

5ème Cassette : Exercice intensif pour éliminer vos anciennes mauvaises habitudes et vous construire sur de nouvelles bases positives et harmonieuses. Comment se déconnecter du processus négatif. Conseils pratiques du Dr LAFONT : "Quelle est l'influence de l'hérédité ?"

6ème Cassette : Exercice permettant de créer en vous une force tranquille capable de déclencher des événements favorables. Comment se reprogrammer constructivement. Conseils pratiques du Dr LAFONT : "Comment résoudre les problèmes de poids."

TOUT AU LONG DE CHAQUE MOIS, VOUS ETES GUIDE(E), CONSEILLE(E), PROPULSE(E) VERS LE BIEN-ETRE, L'EPANOUISSEMENT, LA REUSSITE.

Il n'y a pas de hasard :
ceux qui réussissent font exactement ce qu'il faut pour réussir.Ils savent, ils connaissent, ils utilisent ce que d'autres ne savent pas et n'utilisent pas.

Vous voulez Réussir et vous Epanouir

ABONNEZ-VOUS AU COURS DE FORMATION A L'HARMONIE ET A LA REUSSITE

SEMINAIRE D'INITIATION

ENREGISTREMENT du Grand séminaire d'Initiation de PHILIPPE MORANDO :

LES POUVOIRS DE L'ESPRIT

5 CASSETTES + 1 BROCHURE

Le Rapport Confidentiel vous permettra de suivre et de bien assimiler toutes les étapes de ce séminaire passionnant d'une journée entière.

Les 5 Cassettes Audio représentent l'enregistrement intégral du séminaire. Grâce à ces cassettes, vous pourrez passer encore plus facilement aux applications pratiques. Les exercices et les techniques d'application constituent un instrument précieux pour accéder à un niveau supérieur de bien-être, de développement et de réussite.

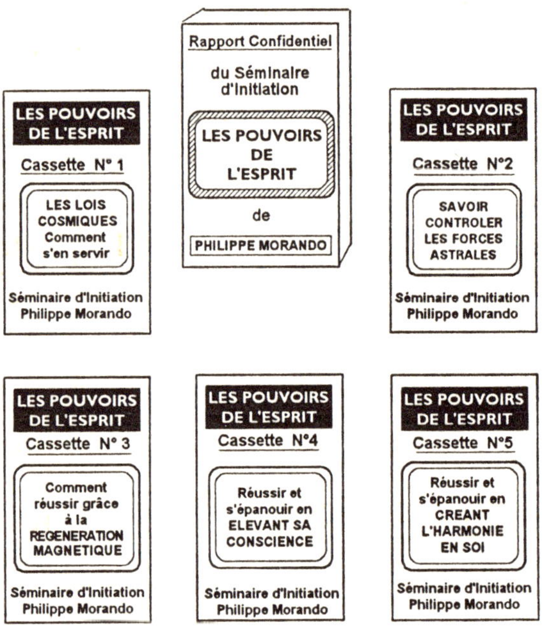

L'ENSEMBLE COMPLET *(Rapport confidentiel + les 5 Cassettes) :*
485 F seulement, avec possibilité de payer en 2 ou 3 mensualités
au lieu de 850 F (prix du séminaire d'une journée complète)

Détail des sujets traités page suivante

LES 5 CASSETTES DU SEMINAIRE DE PHILIPPE MORANDO - Sujets traités

Cassette N° 1 : LES LOIS COSMIQUES : COMMENT S'EN SERVIR

La substance universelle : la véritable nature des choses - Les échanges vibratoires - La loi du rythme - Les sons sacrés et leur puissance - La puissance prodigieuse des mantras - Les projections vibratoires - L'arc créatif Exercices d'application.

Cassette N° 2 : SAVOIR CONTROLER LES FORCES ASTRALES

Connaissances de base : La constitution de l'homme : les trois corps - Ce qu'il faut faire et ne pas faire - Comment créer un événement positif - Comment modifier et transformer sa vie en bien- Utilisation des forces astrales - La maîtrise - Projections vibratoires - Exercices et techniques

Cassette N° 3 : COMMENT REUSSIR ET S'EPANOUIR GRACE A LA REGENERATION MAGNETIQUE

Régénération magnétique : Reprogrammation positive et harmonieuse du corps astral - Exercices intensifs pour augmenter votre bien-être et optimiser votre réussite - Vitalisation, renforcement de la paix intérieure.

Cassette N° 4 : COMMENT REUSSIR ET S'EPANOUIR EN ELEVANT SA CONSCIENCE

Les 5 Principes : un moyen efficace pour réussir et s'épanouir - Le véritable amour - Comment gérer correctement l'amour- Les conditions d'une méditation efficace : la rétrospection - la transmutation - Les 2 formes principales de méditation.

Cassette N° 5 : COMMENT REUSSIR ET S'EPANOUIR EN CREANTL'HARMONIE EN SOI

Méditation guidée spéciale, particulièrement performante, génératrice de bienêtre, de vitalité et d'épanouissement. Elle vous apportera paix et harmonie intérieure - Les conditions, les clefs de la réussite - Formation à la véritable élévation spirituelle.

NOTES, REFLEXIONS
ET
OBSERVATIONS PERSONNELLES

Pour vous aider à assimiler et à appliquer les notions contenues dans ce livre, vous pourrez inscrire sur les pages qui suivent vos notes, vos réflexions, vos observations personnelles.

Achevé d'imprimer en décembre 1994
sur presse CAMERON,
dans les ateliers de la S.E.P.C.
à Saint-Amand-Montrond (Cher)

Dépôt légal : décembre 1994.
N° d'impression : 3042.

Imprimé en France